KB162749

왜
동학 농민
운동이
일어났을까?

46
역사공화국
한국사법정

교과서 속 역사 이야기, 법정에 서다

최제우 vs 서헌순

왜 동학 농민 운동이 일어났을까?

글 성주현 | 그림 조환철

|주|자음과모음

역사는 한곳에 머무르지 않습니다. 시간이 지남에 따라 역사 또한 발전해 갑니다. 때에 따라서는 오히려 역행을 하기도 합니다. 그렇지만 역사는 늘 우리 사회를 새롭게 변화하게 하는 추동력을 가지고 있습니다. 동학 역시 마찬가지였습니다.

조선 후기는 매우 혼란한 시기였습니다. 성리학을 통치 이념으로 유지되어 오던 조선은 임진왜란과 병자호란 등 두 차례의 큰 전쟁을 겪으면서 사회가 급격하게 이완되었지요. 그러면서 조선 사회는 성리학의 자기반성과 새로운 사회에 대한 대안으로 실학이라는 학문이 제시되었지만 조선 정부는 전혀 받아들이려 하지 않았습니다. 이때문에 조선 사회는 총체적인 모순을 낳게 되었고, 견고하였던 봉건적 사회 질서는 점차 무너져 갔습니다. 여러 가지 모순 중에서도 세도 정치라는 비정상적인 정치 운영과 삼정의 문란이라는 조세 수탈이 사회 질서를 뒤흔들었어요. 조선 사회의 통치 이념인 성리학은 이와 같은 모순들을 해결하기에는 이미 한계에 이르렀습니다. 더욱이 조선 후기는 세계사적으로 볼 때 서양이 동양을 지배한다는 서세동점의 시기와 맞물려 가고 있었습니다. 산업 혁명으로 제국주의 국가로 성장한 서구 열강은 세계 각처에 식민지를 만들었고, 아시아 역시 그런 위기 상황에 처하게 되었습니다. 조선도 '교역'이라는 명분으로 서구 열강들이 접근하였고, 일본은 호시탐탐 조선을 침략하려고 기회를 엿보고 있었습니다.

그러나 무엇보다도 심각한 문제는 민중들의 삶이었습니다. 봉건적 사회 모순의 희생자였던 민중들은 나름대로 삶의 방향을 찾고자 하였습니다. 이런 시기에 바로 최제우에 의해 동학이 창시되었습니다. 동학은 차별받던 민중들에게 '사람이 한울'이라는 평등의식을 심어 주었고, '민족'이라는 의식을 갖도록 하였습니다. 따라서 1894년 민중들에 의한 근대적 사회 운동, 즉 동학 농민 운동이 제기되었던 것입니다.

역사는 영웅에 의해 만들어지기도 합니다. 그러나 그 영웅과 함께한 민중들은 기억하지 않습니다. 역사가 갖는 가장 큰 모순점이기도 하지요. 그렇기 때문에 우리 역사에는 영웅만 존재하였습니다. 오늘날 드라마나 영화 대부분이 영웅 중심의 사관에서 벗어나지 못하고 역사를 왜곡하고 있습니다.

하지만 동학은 역사의 주인공이 영웅이 아니라 민중이라는 것을 처음으로 인식케 하였습니다. 그럼에도 조선 정부와 성리학을 신봉하는 유생들은 동학을 이단 또는 사설(邪說)이라고 몰아붙였습니다. 여기에서 끝나는 것이 아니라 동학을 창시한 수운 최제우는 혹세무민한다고 하여 '좌도난정율'로 참수형을 당하였습니다. 조선 정부와 유생들은 동학을 억압하였지만 동학은 민중들과 보다 가까이하였고, 한국을 근대라는 세상으로 이끌었습니다. 그뿐만 아니라 동학은 가장 한국적인 사상을 담고 있습니다.

조선 후기 새로운 사회, 즉 지상 천국을 꿈꾸면서 수운 최제우는 천하를 떠돌아다니며 직접 민중의 척박한 삶을 누구보다도 뼈저리게 체험하였습니다. 그리하여 최제우는 민중이 주인이 되는 시대를 만들고자 하였고, 그를 위해 자신을 희생시켰던 것이지요. 수운 최제우는 누구나 평등하다는 '시천주(侍天主)'의 따뜻한 마음과 가슴을 간직하였고, 이를 민중들에게 가르쳤던 것입니다.

조선 후기 봉건적 사회의 모순을 극복하는 동시에 외세의 침략으로부터 나라를 보존하고자 하였던 동학, 그리고 수운 최제우의 꿈을 청소년 여러분과 함께 다시 꿈꾸고 싶습니다. 그리고 이 글을 통해 민중들의 삶을 늘 나의 삶으로 받아들일 수 있는 한 인간으로 성장해 가기를 기대합니다.

성주현

책머리에 | 5

교과서에는 | 10

연표 | 12

등장인물 | 14

프롤로그 | 18

미리 알아두기 | 24

소장 | 26

재판 첫째 날 조선 후기의 사회는
　　　　　　　얼마나 병들어 있었을까?

1. 수탈당한 백성들은 어떤 삶을 살았을까? | 30

열려라, 지식창고_조선 사회의 수취 제도와 환곡 | 51

2. 서세동점, 조선은 얼마나 큰 위기에 놓여 있었을까? | 53

열려라, 지식 창고_제국주의와 식민지 | 71

휴정 인터뷰 | 73

재판 둘째 날 동학은 왜 생겨났을까?

1. 최제우는 왜 동학을 만들었을까? | 78
열려라, 지식 창고_조선 후기 60여 년간의 세도 정치 | 93
2. 동학 사상은 어떻게 발전하였을까? | 95
3. 조선 정부와 유생들은 왜 동학을 배척하였을까? | 103
휴정 인터뷰 | 116
역사 유물 돋보기_조선 후기의 전투에서는 어떤 것을 썼을까요? | 120

재판 셋째 날 동학 농민 운동의 의의는 무엇일까?

1. 동학 교도와 농민들은 왜 동학을 믿게 되었을까? | 126
2. 동학 교도와 농민들은 과연 민란을 꿈꾸었을까? | 135
3. 반봉건, 반외세를 외친 동학 교도와 농민들 | 147
휴정 인터뷰 | 155

최후 진술 | 158
판결문 | 162
에필로그 | 164
떠나자, 체험 탐방! | 172
한 걸음 더! 역사 논술 | 174
찾아보기 | 180

사회가 혼란하고 민심이 불안한 와중에 경주 지방에서 최제우가 동학을 창시하였다. 동학은 어지러운 사회를 바로잡고 어려운 민중의 생활을 구하려는 정신으로 시작되었다.

중학교

역사

VI. 조선 사회의 변동

2. 세도 정치와 농민의 저항

3) 천주교와 동학이 널리 퍼진 배경은?

VII. 개화와 자주 운동

3. 동학 농민 운동과 갑오개혁

2) 동학 농민 운동의 전개 과정과 그 의의는?

힘든 농촌의 분위기와 흉흉해진 농민들의 마음에 동학이 퍼지기 시작하였다. 이에 정부는 동학을 사교로 규정하여 교조인 최제우를 처형하였다. 하지만 동학은 없어지지 않고 교단 조직을 갖추어 널리 퍼져 나갔다.

선진 자본주의 국가들이 군사력을 동원하여 약소 국가들을 식민지로 점령하는 것을 제국주의라고 한다. 서구 열강의 제국주의 정책으로 아프리카와 아시아 지역은 대부분 제국주의 열강의 식민지가 되었고, 우리나라도 침략의 위협을 받게 되었다.

Ⅲ. 조선 사회의 변화와 서구 열강의 침략적 접근
  2. 제국주의의 팽창과 아시아 침략
    3) 서구 열강의 아시아 침략과 각국의 대응
  3. 19세기 정치 질서의 문란과 사회 동요
    3) 새롭게 등장하는 사상

Ⅴ. 근대 국가 수립 운동과 일본 제국주의의 침략
  2. 근대를 향한 두 갈래 길, 동학 농민 운동과 갑오개혁
    3) 동학 농민 운동

고등학교   한국사

천주교(서학)를 배격한다는 의미에서 이름 붙여진 동학은 1860년 최제우에 의해 창시되어 농민들에게 큰 환영을 받으며 빠르게 확산되었다. 인내천 사상을 내세워 인간의 존엄과 평등을 강조한 것이 특징이다.

동학 농민 운동은 피지배층인 농민의 입장에서 봉건적 수탈과 신분제를 개혁하려는 반봉건적 성격을 지니고 있었다.

1831년	철종 즉위
1860년	최제우, 동학 창시 2대 교조 최시형
1862년	임술 농민 봉기
1862년	고종 즉위
1864년	최제우 처형
1865년	경복궁 중건(~1872)
1866년	병인박해 제너럴셔먼호 사건 병인양요
1871년	신미양요
1875년	운요호 사건
1876년	강화도 조약 체결
1881년	신사 유람단 및 영선사 파견
1882년	임오 군란 미·영·독 등과 통상 조약 체결
1884년	갑신정변
1894년	동학 농민 운동 갑오개혁
1895년	을미사변
1896년	고종의 아관파천
1897년	대한제국으로 국호를 바꿈 3대 교조 손병희
1898년	최시형 처형

| 1863년 | 링컨, 노예 해방 선언 |

| 1868년 | 일본, 메이지 유신 |

| 1869년 | 수에즈 운하 개통 |

| 1871년 | 독일 통일 |

| 1878년 | 베를린 회의 |

| 1882년 | 독일, 오스트리아, 이탈리아 3국 동맹 성립 |

| 1884년 | 청·프랑스 전쟁(~1885) |

| 1894년 | 청·일 전쟁(~1895) |

| 1896년 | 제1회 올림픽 대회 |

| 1898년 | 청, 변법 자강 운동 |

| 1899년 | 헤이그 평화 회의 |

원고 **최제우(1824년~1864년)**

조선 후기 혼란한 사회를 바로잡기 위해 동학을 창시
하였던 수운 최제우라고 합니다. 동학의 인간 평등사
상, 혁세사상, 민족 주체사상, 대동사상으로 사회 질서
가 무너진 나라를 반석 위에 올려놓고자 하였으나 조
선 정부와 성리학을 추종하는 유생들에 의해 참수형
을 당하고 말았지요.

원고 측 변호사 **인내천**

억울한 민초들의 진실 구명을 위해 열심히 뛰어다니
는 인내천 변호사입니다. 사람들은 저에게 인권 변
호사라는 명칭을 붙여 주었답니다. 조선 후기 민족
종교를 만들어 만민이 평등한 새로운 세상을 꿈꾸었
던 원고의 한을 반드시 풀어 주도록 하겠습니다.

원고 측 증인 **삼돌이**

평범한 농민 삼돌이라 합지요. 열심히 노력하여 잘 살아
보려고 하였으나 각종 세금으로 살기가 어려워져 고향을
떠나 살기도 하였고, 한때 민란에 가담하기도 하였지요.
새로운 세상을 만들자는 동학은 우리 농민들에게는 희망
이었어요.

원고 측 증인 **최시형**

수운 최제우로부터 도통을 전수받아 동학의 2대 교조가
된 최시형이라 합니다. 사인여천, 적서차별 철폐 등 많은
법설을 남겼고 동학을 널리 유포시켰으며, 1894년 동학
농민 운동을 지도하였답니다.

원고 측 증인 **손병희**

해월 최시형에 이어 동학의 3대 교조가 된 손병희입
니다. '인내천'이라는 유명한 법설을 남겼지요. 동학
농민 운동에 참가하였고, 동학을 천도교로 이름을 바
꾸었지요. 일제강점기 3·1운동의 민족 대표로 독립
선언서에 서명한 33인의 한 사람이지요.

원고 측 증인 **나개화**

나개화올시다. 당시 정세를 정확하게 읽어낼 정도로 조
선뿐만 아니라 중국, 일본에 대한 학문적 깊이를 가진 조
선의 학자랍니다. 따라서 시대 흐름을 따라 우리나라도
봉건적 사회 질서를 개혁하고 근대 문명을 수용할 것을
주장하였지요.

원고 측 증인 **전봉준**

동학 농민 운동을 이끈 녹두장군 전봉준이라 하오.
동학 농민 운동은 심각한 부정부패로 피폐해진 농민
들이 살 길을 모색하고자 일어난 거였소. 이런 생각
을 할 수 있었던 것은 모두 동학의 가르침이었다오.

피고 **서헌순(1801년~1868년)**

조선 후기 문신으로 『헌종실록』을 편찬하는 데 참여하였던 서헌순입니다. 나는 항상 청렴결백하였고, 일의 옳고 그름을 판단하는 데 공정하기로 유명하였지요. 1862년 경상도 관찰사가 되었을 때 동학의 교조인 최제우와 교도들을 잡아서 처벌한 것은 나라를 위한 당연한 조치였습니다. 조선의 질서를 뒤흔드는 동학 교도들은 처벌받아 마땅했다고 생각합니다.

피고 측 변호사 **이대로**

조선 정부가 고용한 변호사로 항상 올바른 역사를 수호하기 위해 노력해 온 이대로 변호사입니다. 이번 재판에서는 서헌순 대감을 변호하기 위해 최선을 다할 것입니다.

피고 측 증인 **철종**

조선의 제25대 왕 철종입니다. 어린 시절을 강화도에 유배되어 지내다가 헌종 사후에 대왕대비인 순원 왕후의 선택에 의하여 불시에 왕위에 올랐지요. 김문근 가문의 세도 정치에 휘둘려 정치를 제대로 할 수 없었지만 조선의 왕으로서 동학을 지지할 수는 없을 것 같습니다.

피고 측 증인 김조순

안동 김씨 세도 정치의 기틀을 마련한 김조순입니다. 순조의 장인으로 나이 어린 왕을 30여 년간 곁에서 보필하면서 많은 애를 썼습니다. 원고 최제우는 오랜 세도 정치로 나라가 도탄에 빠졌기 때문에 동학을 일으켰다고 하지만, 동학은 조선의 근간을 흔드는 위험한 사상이었을 뿐이에요.

피고 측 증인 김문근

철종의 장인으로 정치에 대해 아무것도 모르는 왕을 잘 보필하기 위해 노력했던 김문근입니다. 조선의 망국이 우리 안동 김씨 문중의 오랜 세도 정치 때문이라고 비난하는데, 동학이란 사학을 들고 나와 나라를 어지럽힌 것은 동학 교도들입니다.

판사 공정한

역사공화국 최고의 판사 공정한입니다. 양측의 팽팽한 의견 대립에도 흔들리지 않는 판단력으로 올바른 결론을 내릴 수 있도록 노력하겠습니다.

"인간답게 사는 새로운 세상을 만들고자 하였을 뿐이오"

인내천 변호사가 일하는 사무실은 15층짜리 천지인 빌딩 13층에 있었다. 인내천 변호사는 퇴근 시간이 지났는데도 혼자서 우두커니 창밖을 응시하고 있었다. 변호사는 평소에도 복잡한 머릿속을 정리할 때면 창밖을 바라보는 버릇이 있었다. 그런데 오늘은 약간 긴장한 표정으로 광장을 바라보았다.

어둠이 깔리기 시작하자 사람들은 하나둘 광장으로 모여들었다. 사람들 손에는 촛불이 하나씩 들려 있었다. 잠시 후 촛불집회가 본격적으로 시작되었다. 광장 여기저기에 걸려 있는 현수막들, 그중 특별히 인내천 변호사의 눈길을 끄는 것이 하나 있었다.

〈차별 없는 세상에서 살고 싶다!〉

'차별 없는 세상, 차별 없는 세상은 어떤 세상일까?'

인내천 변호사는 잠시 생각에 잠겼다. 그동안 그는 대부분의 변호 활동을 어려운 사람들을 위해 많은 시간을 보냈다. 때문에 인내천 변호사는 인권 변호사로 칭송을 받고 있었다.

갈수록 빈부의 격차가 커져 가고 있는 현실에서 현수막의 글이 공허하게 느껴졌다. 과연 차별 없는 세상이 있을까. 그래도 인내천 변호사는 사명감 하나만은 늘 충만하였다. 그는 마음이 흔들릴 때면 자신의 어렸던 시절을 떠올리며 마음을 다잡곤 하였다.

인내천 변호사의 어린 시절은 하루하루 끼니 걱정을 해야 할 정도로 어려워 친구들에게 놀림도 많이 당했었다. 그러나 지금 그 기억은 인내천 변호사를 힘겨운 인권 변호사로 살게끔 지탱해 주는 힘이었다. 마치 삼손의 머리카락처럼.

인내천 변호사는 자리로 돌아와 이번 소송과 관련된 서류를 들춰보았다. 150여 년 만에 재연되는 재판이었기에 긴장이 되었다. 책상에는 재판과 관련된 책들이 여러 권 쌓여 있었다.

"억울하긴 억울하겠군. 새로운 세상을 만들려고 하다가 참수형을 당하였으니."

소장을 뒤적이던 인내천 변호사는 혼잣말로 웅얼거리며 사건을 의뢰하러 온 한 사람을 떠올렸다.

며칠 전 푸른 도포에 갓을 쓴 한 도인이 사무실 문을 열고 들어왔다.

"여기가 인내천 변호사 사무실입니까?"

범상치 않은 얼굴이었다. 인내천 변호사는 약간 긴장한 표정으로

도인을 맞았다.

"낯선 분 같은데, 누구신지요?"

"나는 동학을 창시한 수운 최제우입니다."

인내천 변호사는 깜짝 놀랐다. 수운 최제우라니, 동학은 민족 종교로 알려져 있고, 국사 시간에도 익히 들어온 바 있지만 워낙 갑작스러운 만남이라 약간 당황이 되었다.

"한데 무슨 일로 저를 찾아오셨는지요?"

"그동안 동학에 대해 사람들 사이에 많이 회자되었지만, 아직도 일부에서는 오해를 하고 있는 사람들이 많습니다. 마치 비밀결사처럼 떠벌리기도 하고, 여전히 사교(邪敎)인 것으로 알고 있어요."

"아니 세상이 이렇게 바뀌었는데도 여전히 그런 사람들이 있다는 말인가요?"

"세상은 바뀌었어도 사람의 인식은 쉽게 바뀌지 않는 것 같습니다. 그래서 이렇게 인내천 변호사를 찾아왔어요. 변호사 이름도 마음에 들고요. 조선 정부에서 진행되었던 재판에서는 내가 졌지만 이번 재판에서는 반드시 이겨서 동학의 가치를, 이념을 제대로 밝히고 싶소이다."

인내천 변호사는 최제우의 강렬한 눈빛을 떠올리며 곰곰이 생각해 보았다. 과연 원고가 제기한 재판에서 동학이 미신이 아니고 인간에게 참된 가르침을 주려고 하였다는 것을 제대로 밝혀낼 수 있을까.

"그래, 한번 부딪혀 보자."

　인내천 변호사는 움츠렸던 가슴을 확 폈다. 그는 의자에서 벌떡 일어나 창가로 걸어갔다. 밖에는 촛불이 광장을 가득 메우고 있었다. 이 촛불이 무엇을 요구하는지 인내천 변호사는 누구보다 잘 알고 있었다. 그 광경을 내려다보면서 인내천 변호사는 다시 한 번 자신의 주먹에 힘을 실었다.

　한편 소장을 받은 서헌순 측에서는 오랫동안 고문 변호사로 일해 왔던 이대로 변호사를 불러 대책회의를 하고 있었다. 이대로 변호사 표정 역시 심상치가 않았다. 긴장한 표정이 역력하였다. 이대로 변

좌도난정율
조선 시대에 유교 이외의 가르침과 법도를 어지럽히는 행위를 하여 백성을 현혹하거나 정치를 문란케 할 때 적용되는 법률입니다.

호사가 조심스럽게 입을 열었다.

"이번 재판은 쉽지 않겠습니다. 150여 년 만에 다시 재판을 하게 되었습니다. 다 아시다시피 최제우는 1864년 3월 10일 좌도난정율(左道亂正律)로 참수형을 당하였던 인물입니다. 그때는 성리학이라는 울타리가 있었지만, 지금은 세상이 바뀌어요. 좀 더 철저하게 준비해야 할 것 같습니다. 그렇지 않으면……."

이대로 변호사는 말끝을 흐렸다가 자신이 없는 듯한 목소리로 말을 이었다.

"그래서 말입니다만, 이 재판을 취소시킬 방법은 없겠는지요?"

서헌순은 무슨 당치 않은 소리냐는 듯 이대로 변호사를 쳐다보며 대꾸하였다.

"우리가 재판을 그만두다니! 그럴 수는 없지. 그때나 지금이나 사람들의 인식은 크게 변하지 않고 있어요. 그때도 동학을 추종하는 사람이 많았지만 결국 최제우는 죽었고, 동학은 지하로 숨어들 수밖에 없었지."

서헌순은 당시 동학 괴수로 알려졌던 최제우를 잡으러 가는 듯이 호쾌하게 말하였다. 서헌순의 당당한 태도에 이대로 변호사도 위안을 받았는지 조금 전보다는 훨씬 표정이 밝아졌다.

"그래요, 밑져야 본전이지 뭐. 한번 해 보자고요."

"이대로 변호사, 걱정 말게. 행운은 항상 우리 편일세. 그럼 재판정에서 보게나."

서헌순은 당당한 걸음으로 회의실을 나갔다. 이대로 변호사도 테이블 위에 널려 있는 서류들을 주섬주섬 걷어들고 그 뒤를 따라 나갔다.

조선 후기 동학의 움직임

세도 정치와 관리들의 부정부패로 인해 조선 후기 백성들의 삶은 점점 피폐해져 갔습니다. 하지만 나라에서는 이러한 백성들의 고통을 덜어 주지 못하고 있었지요. 당시 조선의 종교는 유교, 불교, 도교 그리고 들어온 지 얼마 안 되는 천주교 등이 있었는데, 생활이 팍팍한 백성들에게는 어느 것 하나 삶의 위안이 되는 것이 없었답니다.

몰락한 양반 가문에서 태어난 최제우는 스물한 살 때부터 10여 년 동안 전국을 떠돌아다니게 됩니다. 그러면서 백성들이 얼마나 힘들게 살고 있는지 직접 겪고 보게 되지요. 그리하여 최제우는 백성들을 구하고 세상을 바로잡기 위한 동학을 세우게 됩니다. 당시 조선 시대 나라의 근간이었던 유교는 양반과 상민을 구분하고, 남자와 여자를 구분하였지요. 하지만 최제우가 세운 동학에서는 '너도 나도 모두 평등한 세상'을 말합니다. 그러다 보니 자연스레 잘못된 조선의 정치와 어려운 백성들의 문제들을 비판하게 됩니다.

이렇게 현실 문제를 비판하고 평등을 주장하는 동학을 나라에서는 곱게 볼 수가 없었습니다. 모든 사람이 평등하고 존중되어야 한다는 것은 당시 집권층에서 볼 때는 천부당만부당한 말이었기 때문이지요.

조선 정부는 당시 외국에서 들어온 천주교와 마찬가지로 백성들을 속이고 사회를 어지럽힌다고만 생각했습니다. 결국 나라에서는 동학을 탄압하기 시작했고, 동학을 일으킨 최제우는 처형당하고 맙니다. 그게 1864년의 일입니다.

하지만 이런 탄압에도 동학은 쓰러지지 않았습니다. 나라의 계속되는 박해 속에서도 동학의 2대 교조인 최시형이 사람들에게 동학을 알리기 위해 노력하며 포교 활동을 폈기 때문입니다. 동학의 교리를 적은 경전인 『동경대전』을 펴내는가 하면, 글을 모르는 백성들도 동학의 교리를 쉽게 접할 수 있게 이야기와 대중가요 등으로 정리한 『용담유사』를 펴냅니다. 그리고 동학을 정당한 종교로 인정해 줄 것을 조선 정부에 요구하게 됩니다. 이런 동학의 움직임은 당시 백성들에게 신선한 충격을 주었고, 새로운 세상을 꿈꾸게 하는 원동력이 되었지요.

원고 | 최제우	대리인 | 인내천 변호사
피고 | 서헌순	대리인 | 이대로 변호사

청구 내용

조선은 당시 봉건적 해체기에 들어가면서 각종 모순이 나타났습니다. 농민층의 양극화 현상, 조세 수취 체제의 모순(삼정의 문란), 정치 세력의 부패(세도 정치), 성리학의 통치 이념의 한계(과거 제도 문란) 등으로 백성들은 희망 없는 삶을 이어 가고 있었습니다. 밖으로는 신무기를 앞세워 세계에 식민지를 건설하려는 서구 열강과 일본의 침략이 시시각각으로 다가오고 있었습니다.

이와 같은 혼란기에 나, 수운 최제우는 동학을 창시하였습니다. 동학은 성리학이 가지고 있는 모순을 극복하고, 외세의 침략에 대응하기 위해 조선에서 창시된 것입니다. 단순히 사상적으로만 끝나는 것이 아니라 실천적 삶을 통해 나라를 구하려고 하였습니다. 양반과 상민 나아가 천민까지도 평등하다는 시천주 사상으로 만민평등을 널리 펴는 등 차별받는 사회를 개벽하고자 하였습니다. 그러나 조선 정부와 유생들은 망해 가는 조선을 구하기보다는 자신들의 영향력과 권위를 지키기에 급급하여 숭고한 동학의 가르침을 막고자 하는 데 혈안이 되었습니다. 그래서 동학은 탄압을 당하였고, 나 최제우는 정부에서 파견한 정운구에 의해 체포되어 서헌순의 모진 심문과 판결에 따라 결국 참수형을 당하였습니다.

하지만 동학의 정신은 계속 이어졌고, 극심한 부정부패와 봉건적 수탈에 시달리던 동학 교도와 농민들은 전봉준의 지도하에 봉기하였습니다. 심한 빈부 격차와 과중한 민생고 때문에 민란으로 발전하는 것은 동서고금에서 흔히 볼 수 있는 역사적 사실이듯, 전국 각지에서 일어나는 대규모 동학 농민군을 막을 수는 없었습니다. 그런데 정부는 오히려 청에 원군을 요청하여 일본군이 대규모 병력을 조선에 상륙시키는 데 빌미를 주었습니다. 이에 일본군을 물리치기 위해 다시 봉기했던 동학 농민군은 진압군에 의해 무차별 죽음을 당해야 했습니다.

이에 나는 동학의 창시자로서 동학을 탄압하고 나라를 올바르게 이끌지 못했던 조선 정부와 유생을 대신하여 서헌순을 법정에 세우고자 합니다. 이번 재판을 통해 동학이 사교라는 오명에 대한 명예 훼손과 동학 농민 운동 시에 죽음을 당했던 수많은 동학 농민군을 대신하여 손해 배상을 청구하는 바입니다.

입증 자료

- 중학교 역사 교과서
- 고등학교 한국사 교과서
  그 외 자료 추후 제출하겠음.

위 청구인 최제우
역사공화국 한국사법정 귀중

조선 후기의 사회는
얼마나 병들어 있었을까?

1. 수탈당한 백성들은 어떤 삶을 살았을까?
2. 서세동점, 조선은 얼마나 큰 위기에 놓여 있었을까?

교과 연계

한국사
Ⅲ 조선 사회의 변화와 서구 열강의 침략적 접근
  2. 제국주의의 팽창과 아시아 침략
    3) 서구 열강의 아시아 침략과 각국의 대응
  3. 19세기 정치 질서의 문란과 사회 동요
    1) 세도 정치와 사회 모순의 확대

1

수탈당한 백성들은
어떤 삶을 살았을까?

　재판정은 갓 쓴 선비들과 흰 머리띠를 동여맨 농민들로 가득 찼다. 이들은 서로 신분적 차별이 엄격하였지만 법정에서는 누구나 평등하였다. 한쪽에 모여 앉은 농민들이 작은 소리로 소곤거렸다.

　"최제우가 혹세무민을 하였다는 죄목으로 죽임을 당하였다더군. 이게 어디 말이 되는가? 최제우는 동학 교도뿐 아니라 일반 농민들이 인간은 누구나 **한울님**을 모신다는 새로운 사회를 만들려고 하였던 성인이잖아. 그런데 그가 무엇을 잘못하였다고 죽임을 당해! 근데, 누가 죽였대?"

　"누구긴 누구겠어? 조선 정부와 성리학자들이지. 조선은 공자의 가르침인 **성리학**을 통치 이념으로 삼았으니, 성리학 이외에는 모두 **이단**이라고 하여 없애고자 한 것이지."

"그렇지만 성리학은 조선 사회를 지탱해 온 가치관이었 잖은가. 그렇기 때문에 왕에서부터 모든 사람이 지켜야 할 도리였지."

"성리학이 모든 사람이 지켜야 할 도리라고? 성리학은 양반과 상놈, 적자와 서자, 남자와 여자, 어른과 어린이 등 모든 사회를 상하로 구분하여 철저하게 차별만 하였지, 무 슨……. 자네도 상민으로서 양반들로부터 업신여김을 당 하지 않았나?"

"그건 그래. 차별은 겪어 보지 않고서는 알 수 없지."

재판정 안은 온갖 소리로 어수선하게 뒤섞였다. 갓 쓴 양반들은 못마땅한 듯 웅성거리는 농민들을 쏘아보았다.

그때 검은색 법복을 입은 판사가 재판정으로 천천히 걸 어 들어왔다. 이어 재판정 한가운데 있는 높은 자리에 앉 았다. 법정 경위는 장내를 둘러보며 조용히 해 줄 것을 큰 소리로 요청하였다.

판사 자, 그럼 오늘의 재판을 시작하겠습니다. 오늘 재판은 동학 을 **창시**한 원고 최제우가 피고 서헌순에게 억울하게 죽임을 당하였 다는 이유로 소송을 제기한 사건인데요. 원고 측 인내천 변호사가 먼저 이번 소송에 대해 간단히 설명해 주시겠습니까?

인내천 변호사 네. 저는 원고 최제우의 변호를 맡은 인내천 변호사 입니다. 이번 사건은 조선 후기 모든 사람이 평등하다는 것을 주장

한울님
'한'은 크다는 의미이고, '울'은 우 리를 뜻하는 말로, 천도교에서 '우 주의 본체'를 이르는 말입니다.

성리학
중국 송과 명나라 때 성립된 유 학의 한 계통으로, 도덕을 실천 하고 인격과 학문을 닦는 것이 중요함을 주장하였습니다. 성리 학과 관련된 주요 인물로는 공 자, 맹자 등이 있습니다.

이단
전통이나 권위에 반항하는 주장 이나 이론을 말합니다.

적자
정실이 낳은 아들을 가리키는 말로, 본부인이 아닌 딴 여자가 낳은 아들을 뜻하는 '서자'와 상 대되는 개념입니다.

창시
어떤 사상이나 학설 따위를 처 음으로 시작하거나 내세우는 것 을 말합니다.

하였던 '동학'에 관한 것입니다. 동학을 창시한 최제우는 경주에서 출생하여 정통 성리학을 공부하였으나 양반과 상놈의 차별, 적자와 서자의 차별, 남자와 여자의 차별 등을 몸소 체험하면서, 특히 가중한 세금으로 농민들이 도저히 살 수가 없을 지경에 이른 사회 현실을 보면서 많은 생각을 하게 되었습니다. 원고 최제우는 전국을 떠돌아다닌 뒤에 적멸굴에서 49일 동안 기도를 하였지만 아무것도 깨닫지 못하였습니다. 원고 최제우는 고향인 경주로 돌아와 새로운 도를 구하지 않으면 세상 밖으로 나가지 않겠다고 맹세하였습니다. 그 결과 도를 이루었고, 1860년 드디어 동학을 창시하게 되었습니다. 동학은 차별받지 않는 사회, 즉 이 땅에 지상 천국을 만드는 것을 목적으로 하였습니다. 그뿐만 아니라 도탄에 빠져 있던 백성들도 새로운 나라를 갈구하였습니다. 여기에 바로 동학이 희망의 메시지를 던져 주었던 것입니다.

그런데 조선 정부와 성리학을 공부하는 유생들은 안팎의 정세에 아랑곳없이 봉건적 사회를 유지하고자 동학을 배척하였습니다. 결국 피고 서헌순은 원고 최제우에게 서학으로 혹세무민(惑世誣民)하였다는 죄명을 뒤집어씌워 참수형에 처하였습니다. 동학은 혹세무민한 것이 아니라 위로는 나라를 구하고 아래로는 백성을 편안하게 하고, 밖으로는 서양과 일본의 침략 세력을 배척하고자 하였던 참된 가르침이었습니다. 따라서 원고 최제우의 참수형은 정말로 억울한 죽음이었습니다. 이 억울한 죽음을 풀기 위해 150여 년 만에 이렇게 소송을 제기하는 것입니다. 판사님, 이 억울한 죽음의 진실을 밝혀 주시기를 바랍니다.

판사 흠, 그렇다면 그때 소송을 하지 왜 이제 와서 소송을 제기하는 것입니까?

인내천 변호사 그때는 동학에 대한 탄압이 너무나 심했기 때문입니다. 동학을 이단이라고 규정하고 동학 교도뿐 아니라 가족과 친척까지도 가혹하게 잡아들였습니다. 당시 동학을 따른다는 것은 곧 죽음이었습니다. 그리고 소송할 기회도 주지 않아서 억울하게 죽음을 당할 수밖에 없었습니다. 최제우가 죽은 지 30년이 지난 후 수제자 해월 최시형이 교조 최제우를 신원해 달라고 관에 호소하였지만 당시 성리학의 조선 정부는 이를 받아들이지 않았고, 오히려 동학에 대한 탄압만 더욱 심해졌을 뿐입니다. 그래서 이제야 소송을 하게 된 것입니다.

이대로 변호사 판사님, 인내천 변호사는 지금 당시 상황을 과장하고 있습니다!

판사 이대로 변호사, 조금 후에 변론할 기회를 드리겠습니다. 인내천 변호사의 소송 청구 이유는 잘 들었습니다. 좋습니다. 그럼 이번에는 원고인 최제우에게 발언할 기회를 드리겠습니다. 명예 훼손으로 소송을 제기하였으니, 본인의 명예가 어떻게 훼손되었는지를 구체적으로, 그리고 분명하게 말씀해 주시기 바랍니다. 스스로 말할 자신이 없으면 변호인이 대신해도 좋습니다.

최제우 아닙니다. 직접 하겠습니다. 나는 조선 후기인 1824년

신원
가슴에 맺힌 원한을 풀어 주는 것을 말합니다.

동학을 창시한 수운 최제우의 초상화.

10월 28일 경주 가정리에서 태어났습니다. 아버지는 영남 일대 성리학의 사표로 알려진 근암 최옥이며, 어머니는 청주 한씨입니다. 비록 ▶성리학을 정통으로 하는 집안이었지만 어려서부터 불합리한 경험을 많이 하였습니다. 아버지는 다른 사람으로부터 절을 받으면서도 당신은 절을 할 줄 몰랐으며, 또 의관을 정제하고 안방과 사랑방을 마음대로 다니는데 어머니는 문 밖을 잘 나가지 못하였습니다. 이는 성리학이 겉으로는 윤리를 내세우고 있지만 실제적으로는 차별 구조를 보다 공고하게 만들려는 속셈이었습니다.

이대로 변호사　판사님, 이의 있습니다. 원고에게 성리학을 모독하는 말을 쓰도록 허용해서는 안 된다고 봅니다. 성리학은 삼강오륜(三綱五倫)을 통해 양반과 상놈은 태어날 때부터 정해져 있다고 가르치고 있습니다. 이는 당시 사회의 윤리였습니다. 지금 원고는 사실과 다른 말을 하고 있습니다.

판사　인정합니다. 원고는 신성한 재판정에서 사실과 다른 언행은 조심하시기 바랍니다. 상대를 직접 비난하는 말도 삼가 주세요.

최제우　네, 판사님. 잘 알았습니다. 다만 나는 어린 시절 겪었던 일을 설명하기 위해서 그랬습니다. 죄송합니다. 그렇지만 분명한 것은 성리학은 차별이 심했다는 것입니다. 무엇보다 성리학이 지배하고 있던 당시 사회는 특히 안동 김씨 세력의 세도 정치로 매우 부패하고 혼란스러운 사회 였습니다. 그들이 모든 국사를 장악하면서 전횡을 일삼아 극심한 민생고를 유발한 터였습니다. 그 때문에 생긴 사회 문제들을 이루 다 말할 수가 없습니다.

이대로 변호사　판사님, 원고는 여전히 사실과 다른 말을 하고 있습니다.

판사　그런데 원고는 당시 사회가 부패하고 모순으로 가득 찼다고 하였는데, 구체적으로 어떤 점들이 그러하였는지 인내천 변호사가 말씀해 주시지요.

인내천 변호사　이 부분은 농민인 삼돌이가 원고 측 증인으로 나와 있으니, 증인 신문에서 자세히 밝혀질 것입니다. 그러니 저는 간략하게 말씀드리도록 하겠습니다. ▶당시 조선 후기는 봉건적 사회로서 말기적 현상들이 여기저기 나타나고 있었습니다. 첫째는 농민층의 양극화입니다. 모내기와 이모작, 상업 작물의 보급으로 생산량은 늘었지만 농민 지주들이 늘어나는 만큼 일반 농민들은 살기가 더 어려워졌습니다. 둘째는 조세 수취 제도의 모순과 문란입니다. 특히 **삼정**(三政)은 농민들의 숨통을 옭아매는 역할을 하였습니다. 셋째는 정치 세력의 부패입니다. 외척들이 정치에 간섭하는 세도 정치가 계속되면서 벼슬뿐만 아니라 과거시험도 돈으로 사고파는 타락한 사회였습니다. 넷째

삼정
나라의 일 가운데 가장 중요한 전정(田政), 군정(軍政), 환곡(還穀)의 세 가지를 일컫는 말로, 토지세와 군역의 부과 및 양곡 대여와 환수를 이릅니다.

교과서에는

▶ 사회가 혼란하고 민심이 불안하였지만 당시의 종교였던 유교, 불교, 천주교는 제 구실을 하지 못하였습니다.

중화사상

중국 사람이 자기 민족을 세계 문명의 중심이라고 생각하여 자기 민족의 우월성을 자랑해 온 사상을 말합니다.

는 성리학이라는 통치 이념이 한계에 다다라 심지어 **중화 사상(中華思想)**까지 대두되었습니다. 다섯째는 영국과 프랑스, 미국 등 서양 세력과 일본이 우리나라를 침략하기 위해 호시탐탐 기회를 엿보고 있는 위기 상황이었습니다.

따라서 도탄에 빠진 농민들이 전국에서 자신들의 주장을 들어달라는 요구가 봇물처럼 일어나게 되었습니다. 그럼에도 조선 정부는 잘못된 부분을 고치려고 하지 않고 오히려 농민들을 탄압하였습니다.

판사 그렇다면 조선 사회의 통치 이념인 성리학이 위대한 사상이고 참된 가르침이었다는 지금까지의 역사적 평가에 문제가 있다는 이야기로군요. 좋습니다. 그렇다면 이제 피고 측의 이야기를 들어 보도록 하겠습니다. 피고 측 이대로 변호사, 말씀해 주시기 바랍니다.

이대로 변호사 존경하는 판사님, 원고 측에서는 그 당시 세도 정치 때문에 사회에 부정부패가 만연하여 살기 힘들어 동학을 만들었다고 주장하는데, 그러면 피고 측 증인을 불러 반대 의견을 들어 보아야 할 것 같습니다.

판사 좋습니다. 증인이 누구입니까?

이대로 변호사 세도 정치의 기반을 마련했던 김조순 대감입니다.

판사 증인 김조순은 앞으로 나와 선서를 해 주시기 바랍니다.

김조순 나는 진실만을 말할 것을 선서합니다!

이대로 변호사 나와 주셔서 감사합니다. 증인 김조순은 조선 사회의 문제가 세도 정치 때문이라는 원고 측 주장에 대해 어떻게 생각하십니까?

김조순　무슨 그런 당치도 않은 말을! 그건 말이 안
됩니다. 우리 안동 김씨 가문이 오랜 기간 국부로서 왕
을 보필하는 자리에 있는 바람에 그런 오해가 빚어진
것으로 압니다. 그러나 나는 정조의 신임을 얻었던 신
하로서 나이 어린 임금을 잘 보필해 줄 것을 부탁받고
그 유지를 받들어 어떻게 하면 이 나라 운영을 잘해 나
갈 수 있을까 고민을 많이 한 사람입니다. 그런데 나
때문이라니…….

안동 김씨 세도 정치의 기틀을 마련
한 김조순.

인내천 변호사　증인, 무조건 발뺌을 하려고 하지 마
시고, 진실을 말씀하셔야 합니다. 안동 김씨 세도가 얼마나 대단했
는지 이런 말도 있지 않습니까? 안동 김씨 문중에서는 남자를 여자
로 만드는 일 외에는 못하는 일이 없다고요. 혹 증인은 들어 보신 적
없나요?

이대로 변호사　이의 있습니다. 지금 원고 측 변호사는 증인을 모욕
하고 있습니다!

판사　그 말은 저도 들은 적이 있습니다만, 인내천 변호사, 신문 중
에는 조심해 주시기 바랍니다.

인내천 변호사　주의하겠습니다. 그러나 이 말은 당시 안동 김씨
세도가 어느 정도인지를 단적으로 알려 주는 말이라 인용한 것입니
다. 증인에게 다시 묻겠습니다. 그럼 증인은 백성들이 극심한 민생
고로 파탄지경이 된 상황과 세도 정치가 아무 연관이 없다는 말씀

조선 시대에 성리학에 반대되거
나 위배되는 학문을 이르던 말입
니다.

이신가요? 모든 권력을 틀어쥐고 좌지우지하셨던 증인이 말입니다.

김조순 글쎄요. 나는 왕을 보필하며 경제를 부흥시키고 사회를 안정시키려고 노력하였다는 것뿐이…… 더는 할 말이 없습니다.

판사 그럼 증인은 동학에 대해 들어 본 적이 있습니까?

김조순 들은 적은 있습니다. 그렇게 사회에 불만을 가진 자들은 어느 시대나 늘 있기 마련입니다. 더군다나 동학이란 것이 남녀 구별도, 반상의 구별도 없다는 것은 사학이에요. 조선은 유교의 나라입니다. 성리학으로 기틀을 마련했고 그 속에서 유지되어 온 나라라고요. 그리고 새로운 세상을 꿈꾸는 것 자체가 반역이지요. 이 나라 백성이면서 어찌 다른 세상을 생각한단 말입니까. 그런 당치도 않는 말이 어디 있습니까? 결코 용납할 수 없는 일이라고 생각합니다.

이대로 변호사 수고하셨습니다. 그럼 나머지는 제가 정리해서 말씀드리겠습니다. 최제우는 정통 성리학을 하는 집안에서 태어났지만 성리학을 거부하였습니다. 당시 성리학은 사회를 이끌어 가는 지도 이념이었습니다. 그렇기 때문에 삼강오륜이라는 덕목을 통해 각자 자신의 역할만 할 수 있도록 하였습니다. 삼강오륜이 얼마나 좋은 덕목입니까. 삼강은 임금과 신하 사이에는 벼리가 있어야 하고, 남편과 아내 사이, 그리고 아버지와 아들 사이에도 벼리가 있어야 합니다. 그리고 오륜은 임금과 신하 사이에는 바른 도리가 있어야 하고, 남편과 아내 사이에는 차별이 있어야 하고, 아버지와 아들 사이에는 사랑이 있어야 하고, 어른과 어린이 사이에는 서열이 있어야 하고, 무리와 개인 사이에는 믿음이 있어야 합니다.

판사 이대로 변호사, 잠깐만요. 그런데 삼강은 잘 알겠는데, 벼리는 무슨 뜻인지 설명해 주시기 바랍니다.

이대로 변호사 존경하는 판사님, 좀 어려운 말을 하였다면 용서해 주시기 바랍니다. 벼리는 쉽게 설명하면, 모든 인간이 필수적으로 지켜야 할 기본적인 도덕과 규범이라고 말할 수 있는데, 다른 말로 하면 짜여진 틀, 즉 순서 또는 차례라는 뜻입니다. 순서와 차례가 바뀌면 안 된다는 것이지요. 성리학은 무엇보다도 이를 철저하게 교화시켰습니다. 그렇기 때문에 500년의 사회를 지탱해 올 수 있었던 것입니다. 그런데 원고 최제우는 자신의 아버지가 목숨처럼 간직해 왔던 성리학을 하찮은 것으로 취급하였습니다. 원고는 새로운 사상이라고 할 수 있는 동학을 만들어 백성들을 현혹하였기 때문에 혹세무민한다고 하였던 것입니다. 조선 정부에서는 사회를 정상적으로 유지하기 위해서는 동학을 막을 수밖에 없었습니다. 무려 500년 동안 조선 사회를 지탱해 왔던 성리학, 그리고 삼척동자도 다 알고 있는 삼강오륜이 잘못되었다고 주장하는 것은 신성한 한국사법정을 모독하는 것입니다.

이대로 변호사의 능숙한 말솜씨에 방청석에서 호응하는 소리가 터져 나오기도 하였다. 주로 갓 쓴 선비들이었다.

"역시 이대로 변호사야. 말 한번 확실하게 하는구먼. 그럼 그렇지.

하루아침에 사회가 바뀔 수 있나. 성리학은 이제까지 조선을 잘 이끌어 왔지 않나."

"무엇보다도 우리 같은 양반들이 대접받고 사는 사회, 이 얼마나 좋은 나라인데. 다 그만한 이유가 있으니 500년이라는 긴 세월 동안 유지되어 온 것이 아니겠는가."

방청석에서 웅성거리는 소란이 일어나자, 판사가 방청석을 한 번 돌아보며 말하였다.

판사　조용히 해 주십시오! 원고가 법정을 모독하였는지는 차차 밝혀질 것입니다. 그럼, 피고 서헌순은 이번 소송의 당사자로서 자신의 뜻을 밝혀 주시기 바랍니다.

서헌순　존경하는 판사님, 배심원 여러분, 그리고 이 자리에 참석해 주신 모든 방청객 여러분. 나는 서헌순이라 합니다. 변론을 하기 전에 먼저 한 말씀 올려야겠습니다. 나는 세상에 알려진 것처럼 조선 후기의 문신으로서 한 점 부끄럼 없이, 그리고 현 사회에 누구보다도 충실하게 살아왔다고 자부합니다. 그런데 이렇게 피고인으로서 있는 것 자체가 부당하다고 생각합니다. 성리학은 이미 오래전 중국에서 만들어졌습니다. 공자와 맹자가 활동하던 시대인 춘추전국시대에 사상적으로 형성되었지요. 당시는 유가라고 하였는데 점차 유학으로 자리 잡았고, 다른 이름으로는 유교라고 우리에게 널리 알려져 있습니다. ▶유학은 이후 시대에 따라 훈고학, 성리학, 양명학, 고증학 등으

교과서에는

▶ 조선 왕조는 성리학을 통치 이념으로 삼고 이를 제도 등을 정비하는 데 그 기본 원리로 삼았습니다.

왜 동학 농민 운동이 일어났을까?

로 발전 또는 변천하였는데, 고려 후기에 성리학이 들어오
면서 우리나라의 모든 사회 통념이 바뀌었습니다. 조선 이
전까지는 불교가 사회를 이끌어 가는 이념이었다는 건 다
들 아실 겁니다. 그런데 불교가 점차 타락함에 따라 새로
운 사회를 만드는 데 성리학은 매우 큰 역할을 하였습니
다. 이대로 변호사가 말한 것처럼 삼강오륜은 나라를 위한
충과 부모를 위한 효를 올바르게 가르쳤으며, 이를 통해서 조선 사
회는 아무런 문제 없이 발전해 왔습니다. 그렇기 때문에 이에 반하
는 사학을 퍼뜨리는 동학의 괴수 최제우를 정부의 명을 받아 체포하
고 동학 교도들을 잡아들였던 것입니다.

미필적 고의
어떤 행위로 범죄 결과가 발생
할 가능성이 있음을 알면서도
그 행위를 행하는 것을 말합니
다. 통행인을 칠 수 있다는 것을
알면서도 차로 골목길을 질주하
는 경우가 이에 해당된다고 할
수 있습니다.

　원고 서헌순의 변론을 듣고 있던 인내천 변호사가 벌떡 자리에서
일어나며 소리쳤다.

인내천 변호사　　피고는 지금 성리학이 가지고 있는 유리한 점만을
교묘하게 말하고 있습니다. 성리학의 문제점에 대해서는 전혀 인정
하고 있지 않습니다.

이대로 변호사　　판사님, 지금 원고 측 변호사는 억지를 부리고 있습
니다. 피고가 거짓말을 하고 있는 게 아니면 된다고 생각합니다. 피
고는 원고 측의 주장과 달리 정부와 성리학이 잘못하지 않았음을 분
명하게 밝혔을 뿐입니다.

인내천 변호사　　피고는 지금 미필적 고의에 의한 범죄 행위를 시인

하였던 것입니다. 정부와 성리학을 옹호하는 과정에서 조선 후기 사회를 왜곡하고 있음을 피고는 잘 알고 있습니다. 그리고 무엇보다도 피고 자신이 원고에게 해를 입혔다고 말하였는데, 어찌 이대로 변호사는 피고에게 죄가 없다고 하는지 모르겠습니다.

두 변호사의 목소리가 높아지자, 판사가 중재에 나섰다.

왜 동학 농민 운동이 일어났을까?

판사　두 변호사는 흥분을 가라앉히고 자리에 앉아 주세요. 아직 재판이 제대로 시작도 되지 않았는데, 벌써부터 말꼬리를 잡고 다투기나 하고. 이건 두 분의 품위에도 어울리는 모습이 아닙니다. 자, 인내천 변호사. 조선 후기 사회의 모순을 입증하기 위해 증인으로 삼돌이를 신청하였는데, 특별한 의미라도 있습니까?

인내천 변호사　존경하는 판사님, 삼돌이를 증인으로 신청한 것은 특별한 의미가 있는 것은 아닙니다. 다만 조선 후기 사회에서 가장 핍박받았던 농민층을 대변하겠다는 의지가 누구보다 강해 증인으로 신청하였습니다.

판사　좋습니다. 증인은 나오셔서 증인 선서를 해 주세요.

삼돌이　나는 진실만을 말할 것을 이 자리에서 선서합니다!

인내천 변호사　증인에게 묻겠습니다. 증인은 조선이 개국한 이래 대대로 농민으로 살아왔는데요, 그동안 조선 정부로부터 받은 혜택은 무엇이었는지요?

삼돌이　혜택이요? 글쎄요. 조선 개국 초기에는 세금을 감면해 준다든지, 농사를 지을 수 있는 일정한 토지를 준다든지, 그런 혜택이 있었겠지요. 그런데 내가 살던 그 당시는 살기가 참 어려웠습니다. 세금은 점점 많아지고 관리들의 횡포 또한 지나쳐 사는 것 자체가 의미가 없을 정도로 힘들었어요. 농민들을 시키면 시키는 대로 하는 존재로만 여겼으니까요. 겉으로는 백성이 나라의 근본이라고 하지만 백성은 그저 수탈의 대상이기만 하였지요. 백성들은 정부로부터 받는 혜택은 전혀 없고 다만 가중되는 세금에 허덕일 뿐이었습니다.

그래서 나도 한때는 농민들의 반란에 참가하기도 하였습니다. 방법이 있다면 세상을 확 바꿔 버리고 싶었으니까요.

판사 증인은 정의감이 살아 있군요. 좋습니다. 그럼 원고 측은 증인 신문을 계속해 주세요.

인내천 변호사 그렇다면 증인은 조선 정부로부터 세금이 가중되었다고 하였는데, 어떠한 세금이 있었는지요? 먼저 토지와 관련된 세금부터 말씀해 주시지요.

삼돌이 알겠습니다. 토지세는 일반적으로 전정이라고 합니다. 토지세는 공식적으로 10분의 1만 내면 되는데, 조선 정부에서는 각종 명목으로 세금을 거두어들였습니다. 허결이라 하여 실제로 농사를 짓지 아니하는 땅을 농사를 지은 것처럼 꾸며 부당하게 세금을 거두었어요. 진결은 묵은 논과 밭에 세금을 부과하는 것이고, 가승미라고 하여 세금으로 곡식을 거두어들일 때 나중에 축날 것을 예상하고 한 섬에 석 되씩 더 받았어요. 인정미는 창고의 감독이나 출납을 맡아보는 하급관리에게 위로비라는 명목으로 지급하기 위해 매 석당 두 되를 더 징수하였지요. 또 낙정미라는 것도 있는데, 세금으로 받은 쌀을 운반하거나 보관하는 과정에서 생기는 손실을 보완한다는 명목으로 한 섬당 네 되를 더 받았고, 곡상미라고 하여 세금으로 받은 쌀이 창고에서 쥐가 먹거나 썩을 것을 예상하여 정량보다 매 석당 세 되를 더 징수하였지요. 이외에도 간색미가 있었어요. 이는 세금으로 거두는 쌀을 검사하고 관리하는 사람들의 보수를 주기 위해 할당하는 세금이에요. 이처럼 농사지은 것을 모두 세금으로 내다 보니 농민들은 먹을 것이 없어 굶주림으로 연명할 수밖에 없었지요.

인내천 변호사　농민들의 참상이 어떠하였을지 눈에 선합니다. 토지세 외에 다른 세금은 없었는지요?

삼돌이　이런 세금도 있었어요. 군역을 면제해 주는 대신으로 베를 받던 군정이 있는데요. 어린이를 군적에 올려 군포를 내게 하는 황구첨정, **이서**들이 사리사욕을 채우기 위해 죽은 사람을 살아 있는 것처럼 꾸며 군포를 받아 가는 백골징포, 백성들이 마을을 떠나 없거나 사망하였을 경우 그들의 군역을 가까운 이웃에게 대신 징수하게 하는 인징, 그리고 친족에게 거둬들이는 족징 등도 있었어요.

인내천 변호사　정말 그 이유가 황당하네요. 그 외에 환곡이라는 것은 또 어떻게 농민들을 괴롭혔습니까?

삼돌이　기왕 말해 버린 김에 모두 밝히지요. 토지세와 군정보다도 환곡이라는 것이 농민들을 가장 괴롭혔습니다. 환곡은 원래 봄에 먹을 것이 없는 백성들이 관으로부터 일정한 식량을 빌려 생계를 유지하다가 가을 수확을 하고 난 후에 이자로 10분의 1을 보태어 갚는 구휼 제도였지요. 그런데 대부분의 농민들은 추수 때 건은 농작물 가운데 소작료, 빚, 이자, 세금 등을 뗀 다음 남은 식량을 가지고 초여름 보리 수확 때까지 견뎌야 합니다. 그런데 이때는 제대로 먹을 식량이 없어서 대개 풀뿌리나 나무껍질로 끼니를 때우거나 걸식과 빚으로 연명하였으며, 유랑민이 되어 떠돌아다니기도 하였습니다. 특히 봄에서 초여름에 이르는 기간 동안에는 남은 식량으로 살아가

이서
중앙과 지방의 관청에 속해 있던 하급 관리를 말합니다.

기 어려웠기 때문에 이를 보릿고개라 하였지요.

인내천 변호사   그 구휼 제도는 고구려 때부터 시작된 것으로 아는데요. 역사적으로도 오래되었고, 그렇게 좋은 제도가 농민을 수탈하는 방편으로 이용되었던 거군요. 그럼, 증인도 그런 피해를 당하였나요?

삼돌이   물론입니다. 나도 환곡의 피해를 겪었습니다. 어느 해인가 모처럼 풍년이 들어 먹을 쌀이 넉넉하였습니다. 그런데도 관아에서는 환곡을 강제로 맡겼다가 가을에 그 두 배나 되는 환곡을 거두어 갔습니다. 도둑놈 심보였지요.

이대로 변호사   판사님, 원고 측에서는 지금 피고와 관계없는 이야기를 늘어놓고 있습니다!

인내천 변호사   관계없지 않습니다. 존경하는 판사님, 그 당시의 상황을 알아야 왜 원고가 창시한 동학이 농민들에게 큰 호응을 받게 되었는지 이해할 수 있다고 생각합니다.

판사   인정합니다. 인내천 변호사는 계속하세요.

인내천 변호사   감사합니다. 그러면 농민을 살리기 위한 환곡이라는 좋은 제도가 농민을 죽이는 제도로 바뀌게 된 것에 대해서는 제가 좀 더 자세하게 설명하겠습니다.

환곡은 일종의 구휼 제도였는데, 국가 재정이 부족하게 되면서 환곡 이자를 국가 운영 기금으로 사용하였습니다. 이때부터 환곡 이자는 국가 재정 수입의 중요한 부분을 차지하게 되어 원래 목적과는 달리 부세의 기능을 하는 재정기구의 하나로 운영되었습니다. 1720

년 최대 규모에 이르렀던 조세 수취 면적이 감소되면서 토지세와 대동세(大同稅) 수입이 줄어들었습니다. 결세(結稅) 수입은 감소하였으나 정부의 지출은 오히려 증가하여 국가의 재정 부족이 심화되었습니다. 또한 군역을 지는 농민들의 군포를 2필에서 1필로 줄여 주는 균역법이 1750년에 실시되면서 군포 수입도 크게 줄어들게 된 것입니다. 이런 과정에서 중앙정부는 지방 관아에서 사용하던 세입의 일부를 끌어와서 재정의 부족분을 충당하는 일이 늘어나게 되었습니다. 이 때문에 더욱 재정 곤란에 봉착한 지방의 각 관청·군문·군현은 환곡의 이자를 획득함으로써 재정난에서 벗어나려고 하였습니다. 결국 백성들만 죽어나게 된 것입니다.

이대로 변호사　　판사님, 이의 있습니다. 원고 측 변호사는 당시의 상황을 왜곡하고 있습니다. 정부로서는 어쩔 수 없이 그런 정책을 펼 수밖에 없었습니다. 국가의 재정난을 극복하기 위한 방편이었습니다. 그런데 원고 측 변호사는 정부의 정책을 일방적으로 비난하고 있습니다. 더 이상 이를 허용해서는 안 될 것입니다.

판사　　받아들입니다. 인내천 변호사, 정부의 정책을 비난해서는 안 된다는 것을 잘 알고 있지 않습니까? 주의해 주시기 바랍니다.

인내천 변호사　　판사님, 잘 알고 있습니다. 다만 저는 역사적 사실을 밝히고자 할 뿐입니다. 이는 백성들의 알 권리에도 포함된다고 생각합니다. 그럼 설명을 계속해도 되겠습니까?

판사가 고개를 끄덕이자 인내천 변호사는 헛기침을 한 번 하고는 말을 이어 갔다.

인내천 변호사　구제를 목적으로 한 환곡이 백성을 상대로 한 고리대 획득으로 변질된 것이지요. 원래 환곡의 운영 원칙이던 반분반류의 원칙, 즉 비상시를 대비해 절반은 창고에 남겨 두고 절반만을 나누어 주던 원칙이 지켜지지 않고, 더 많은 이자를 받아들이기 위해 전부 빌려 주는 일이 많았습니다. 이에 증인이 말한 것처럼 풍년에도 무조건 농민들에게 분배하는 일이 일상화됨에 따라 농민은 필요도 없이 곡식을 받아 두었다가 이자를 내야 하였으며, 그 과정에서 드는 온갖 비용까지 부담해야 하는 이중고에 시달렸습니다. 게다가 온갖 명목으로 이자가 20~30%까지 늘어났지요. 또한 운영상의 모순으로 인해 형편없는 곡식을 받고는 갚을 때는 좋은 품질의 곡식으로 바쳐야 하는 등 실제 부담은 더욱 가중되었습니다. 게다가 19세기에 들어 환곡은 오랜 세도 정치로 나타난 정치상의 문란과 겹쳐져 더욱 큰 문제가 되었습니다. 상품 화폐 경제의 발달과 관리들의 부정부패로 환곡은 혼란스럽게 운영되었습니다. 서류상으로는 존재하나 실제는 관리들의 횡령으로 없어져 버린 부분까지 고스란히 백성들이 채워 넣어야 할 몫으로 돌아왔습니다.

삼돌이　그렇습니다. 나는 무지렁이 농민이라 자세히 알 수는 없었지만, 환곡으로 인한 피해가 가장 컸습니다.

인내천 변호사　증인, 이상과 같은 조선 정부의 무능함과 부패로 인

해 농민들의 불만이 대단하였을 것 같은데, 그래서 새로운 세상을 만들자는 반란을 꿈꾼 것은 아닙니까?

삼돌이   바로 보았습니다. 나를 포함한 대다수의 농민들은 썩을 대로 썩은 사회에 대한 기대를 접은 지 오래되었습니다. 그래서 늘 새로운 세상이 오기를 기다렸지요. ▶일부 지역에서는 농민들이 직접 탐관오리를 내쫓기 위해 낫과 호미를 들고 일어나기도 하였다고 들었습니다. 그런데도 정부는 봉건적 모순을 타파하기보다는 농민들을 억압하고 탄압하기만 하였습니다. 그러던 차에 경주에서 최제우가 누구나 평등하며 차별이 없는 세상을 만든다는 동학을 세웠다기에 관심을 갖게 되었습니다. 동학은 양반과 상놈, 적자와 서자의 차별을 철저하게 부정하였습니다. 이 때문에 성리학을 지도 이념으로 하는 정부로부터 탄압을 받게 된 것이지만, 농민의 입장에서는 성리학의 차별보다는 동학의 평등이 더 좋은 세상을 만들 것이라고 생각하였습니다.

판사   증인, 동학에 대한 발언은 삼가 주세요. 그것은 후에 다시 얘기 나눌 부분입니다.

인내천 변호사   판사님, 이상으로 증인 신문을 마치도록 하겠습니다.

판사   증인은 자리로 돌아가셔도 좋습니다.

조선 사회의 수취 제도와 환곡

조선의 수취 제도는 토지에 부과되는 토지세, 지역마다 부과되는 공물, 호적에 등재된 장정에게 부과되는 군역과 요역(무상의 노동력) 등이 있습니다. 이것은 국가를 운영하는 재정의 토대를 이루었습니다.

첫째, 토지세는 조선 초기 과전법의 경우 수확량의 10분의 1을 내는데, 1결의 최대 생산량을 300두로 정하고, 매년 풍년인지 흉년인지를 조사하여 그 수확량에 따라 납부액을 조정하였습니다. 세종 때에 토지세 제도를 좀 더 체계적으로 운영하기 위하여 조사 항목에 토지 비옥도를 추가하였고, 그해의 풍년 또는 흉년의 정도에 따라 전분 6등법, 연분 9등법으로 바뀌었습니다. 그리고 납부해야 할 세금의 액수는 1결당 최고 20두에서 최하 4두를 내도록 하였습니다. 보다 합리적으로 토지세 제도를 만들었다고 봐야겠지요.

조선 시대의 토지 소유자는 오늘날과 마찬가지로 국가에 토지세를 납부할 의무가 있었습니다. 그런데 원칙적으로 토지 소유자인 지주들에게 세금을 부과하였지만, 실제로는 지주의 땅을 빌려 농사를 짓는 소작 농민에게 그 세금을 대신 내도록 강요하는 경우가 많았습니다. 그래서 농민들의 불만이 적지 않았습니다.

둘째, 공물은 고려처럼 각 지역의 토산물을 조사하여 중앙 관청에서 군현에 물품과 액수를 할당하는 조세 제도입니다. 중앙에서 납부할 공물이 정해지면 각 군현은 집집마다 다시 할당하여 거두어들였습니다. 공물에는 각종의 수공업 제품과 광물, 수산물, 모피, 과실, 약재 등이 있었습니다. 그런데 공물의 생산량이 점차 감소하거나 생산지의 변화로 인하여 납부 기준에 맞는 품질과 수량을 맞추기 어려운 경우도 없지 않았습니다. 그러면 그 물품을 다른 곳에서 구입해서 납부할 수밖에 없었지요. 이 때문에 공물은 토지세보다 납부하는 데 어려움이 많았을 뿐만 아니라 그 부담도 훨씬 컸다고 합니다.

셋째, 군역과 요역이 있습니다. 16세 이상의 정남에게는 군역과 요역의 의무가 있었습니다. 군역에는 일정 기간 군사 복무를 위하여 교대로 근무하는 정군과 정군이 복무하는 데 드는 비용을 보조하는 보인이 있었지요. 관청에서 일하는 양반, 서리, 향리 등은 군역에 복무하지 않았습니다. 그리고 요역은 각 집을 기준으로 장정의 수를 고려하여 뽑아서 성, 왕릉, 저수지 등의 공사에 동원하였습니다. 성종 때 경작하는 토지 8결을 기준으로 한 사람씩 동원하고 1년 중 동원할 수 있는 날도 6일 이내로 제한하도록 규정을 바꾸었지만 임의로 징발하는 경우도 많아 백성들의 원망이 높았다고 합니다.

환곡은 원래 수취 제도가 아닙니다. 환곡은 봄에 곡식이 모자랄 때 정부에서 백성들에게 곡식을 빌려 주고, 가을 추수 후에 이자를 붙여 돌려받는 일종의 구민 구제책이었어요. 고구려의 진대법에서 시작되어 고려의 흑창, 의창, 상평창 등으로 이어져 오다가 조선의 환곡으로 이어져 내려온 것이랍니다.

19세기 들어서면서 환곡을 빌려 주고 돌려받는 과정에서 백성들에게 엄청난 이자를 씌우거나 돌을 섞어 양을 늘려 빌려 주는 등 이 환곡을 둘러싼 폐단이 너무 심해 1864년 임술 민중 봉기 같은 대규모의 전국적인 민란이 발생하는 등 환곡은 조선 후기 농민 수탈의 대표적인 원인이 되었습니다. 이후 이 환곡의 폐단을 막기 위해 흥선 대원군은 관에서 주도하던 상평창을 폐지하고, 대신 일반인이 관리하는 '사창제'를 실시하였습니다.

　　왜 동학 농민 운동이 일어났을까?

2

서세동점, 조선은 얼마나 큰 위기에 놓여 있었을까?

"그때 이런 소문 있었잖은가. 프랑스 함대 일곱 척이 인천 앞바다까지 왔는데 그중 네 척이 강화도에 상륙하여 갑곶진을 점령하였다고 말이야."

"나도 들었네. 근데 그 이후는 어떻게 되었나?"

"우리 정부가 프랑스 측에 격문(檄文)을 보내어, 선교사 처단의 합법성과 프랑스 함대의 불법 침범을 들어 퇴거할 것을 통고하였지. 이에 프랑스 측은 선교사 학살을 극구 비난하면서 그 책임자를 엄벌할 것과 전권대신을 파견하여 자기들과 조약의 초안을 작성하라고 맞섰다는군."

"그랬군. 우리도 서양의 침략에 대해 만반의 준비를 해야 하는데……. 조선 정부에서는 세도 정치로 권력 쌓기에만 혈안이 되어 있었으니…….”

“참, 그래서 동학이 널리 퍼져 백성들 의식을 고취시키지 않았는가. 동학에는 서양 세력과 일본 침략을 반대하는 가르침이 있다고 하더군.”

“나도 들어서 알고 있네. 특히 서양은 천주학을 앞세우고 쳐들어오고 있고, 임진왜란 이후 일본이 다시 쳐들어올 것이라는 예언도 있었다더군.”

“특히 동학에서는 검무와 칼춤을 추면서 배외정신을 고취시킨다는 소문을 들은 적 있다네.”

잠시 재판정이 휴정에 들어가자 그 당시 얘기들로 방청객들의 표정이 한층 어두워졌다. 갓 쓴 선비나 일반 농민이나 나라 걱정하기는 마찬가지였다.

판사　앞서 우리는 조선 정부의 무능함과 성리학의 모순, 그리고 환곡이나 조세 제도의 폐단으로 백성들의 삶이 어떠했는지 알아보았습니다. 인내천 변호사, 계속해서 그 당시 나라 정세는 어떠했는지 정리해 주시기 바랍니다.

인내천 변호사　예, 알겠습니다. 이번에는 서세동점에 나선 서구 열강과 일본의 침략에 대해 말씀드리겠습니다. ▶왜냐하면 동학은 반제국, 반침략, 반외세의 민족 주체사상을 가지고 있기 때문입니다. 그래서 동학 농민 운동 때 동학 교도들은 전국에서 일어나 국왕이 사는 경복궁을 침

범한 일본군과 전쟁을 치르기도 하였습니다. 원고 최제우
는 일본의 침략을 예견하였던 것입니다.

판사 최제우가 예언가였단 말인가요? 일본의 침략을 미
리 알고 있었다고요?

인내천 변호사 예, 그렇다고 봐야겠지요. ▶그래서 동학은 당시 서
양 세력과 일본의 동향을 예의 주시하고 있었던 것입니다. 그럼 서
세동점에 대해 구체적으로 말씀드리겠습니다. 서양은 15세기 이후
산업 혁명과 과학의 발달로 자본주의를 형성하는 한편 세계 여러 지
역에 식민지를 만들어 나가고 있었습니다. 아프리카와 아메리카, 그
리고 아시아로 점차 식민지를 확대하였습니다. 서구 열강은 아시아
에서 마지막으로 중국과 일본, 그리고 조선을 넘보고 있었습니다.
마치 **풍전등화**(風前燈火)와 같은 상황이었지요. 서세동점이 무엇이
며, 그동안 중국과 일본이 어떻게 대응하였는지 증인을 통해 입증하
고자 합니다. 증인을 불러 주십시오.

판사 우리 조선의 상황이 풍전등화와 같았다고요? 정말인가요.
그렇다면 매우 염려스러운 상황인데, 증인은 누구입니까?

인내천 변호사 당대 최고의 학자인 나개화입니다. 증인 나개화는 조
선 국내뿐만 아니라 중국과 일본의 정세에도 아주 밝은 학자
입니다. 중국과 일본을 여행한 바 있고, 개화사상에 대해서
는 증인을 따라올 자가 없습니다. 그렇기 때문에 조선에서
는 누구보다도 중국과 일본의 동향을 정확하게 알고 있으
며, 각종 책을 통해 서양의 상황을 잘 파악하고 있습니다.

풍전등화
바람 앞의 등불이라는 뜻으로,
매우 위태로운 처지에 놓여 있음
을 비유적으로 이르는 말입니다.

교과서에는

▶동학은 서양 세력의 침략
으로부터 나라를 구하고 백
성을 편안하게 할 것이라는
등 반외세적인 성격도 지니
고 있었습니다.

르네상스
14~16세기에 이탈리아를 중심으로 하여 유럽 여러 나라에서 일어난 인간성 해방을 위한 문화 혁신 운동입니다.

판사　인내천 변호사의 말대로라면 이 부분의 증언을 해 줄 사람은 나개화 증인밖에 없겠네요. 조금 염려스러운 점이 없지 않지만 증인 신청을 받아들이도록 하겠습니다. 나개화 증인은 앞으로 나와 주십시오.

나개화　나는 오직 진실만을 말할 것을 선서합니다!

인내천 변호사　증인, 프랑스는 우리 조선을 침략해 들어왔습니다. 그 당시 프랑스뿐만 아니라 서구 열강들의 식민지 확장을 지켜보았을 것으로 압니다. 서세동점기가 언제부터 시작되고 어디까지 진행되었는지 자세히 말씀해 주시겠습니까?

나개화　일단 르네상스부터 말씀을 드려야겠군요. 서양은 흔히 중세사회를 암흑사회라고 합니다. 이는 인간보다는 신 중심의 사회였기 때문입니다. 그러던 서양 사회에서 르네상스가 일어났습니다. 르네상스는 신 중심의 사회가 인간 중심의 사회로 변화하였음을 의미합니다. 바로 근대의 시작입니다.

인내천 변호사　아, 그렇군요. 서양 사회의 근대는 르네상스로부터 시작되었군요. 그 이후는 어떻게 전개되었나요.

나개화　이후 서양 사회의 또 한 번의 큰 변화는 신대륙의 발견이었습니다. 신대륙의 발견은 식민지 건설과 직결되는 사건입니다. 이어서 종교 개혁, 산업 혁명, 그리고 프랑스 대혁명을 거치면서

르네상스 시대의 예술가 미켈란젤로의 다비드.

프랑스 혁명시에 시민들에게 공격받는 바스티유 감옥의 모습.

서구의 근대 사회가 형성되었습니다.

인내천 변호사　　증인, 좀 더 자세하게 말씀해 주세요.

나개화　　잘 알겠습니다. 서양은 16~17세기 영국의 석탄 산업을 중심으로 한 획기적인 산업 혁명(제1차 산업 혁명)이 면공업으로 이어져 의류 혁명을 가져왔습니다. 이어 기계의 발명은 방적 공업의 혁신에 박차를 가하게 되었고, 결정적으로 토머스 와트의 증기 기관 발명이 각 산업에 파급되면서 제2차 산업 혁명이 도래하였던 것이지요. 이는 단순히 동력의 교체만을 의미하는 것이 아니었습니다. '기계화'에 의한 대량 생산이 가능해짐으로써 부의 극심한 편중, 잉여 생산이라는 자본주의적 병폐의 초기

잉여 생산
'잉여'는 쓰고 난 후 남은 것을 가리키는 말이고, '생산'은 인간이 생활하는 데 필요한 각종 물건을 만들어 내는 일을 말합니다.

제임스 와트의 증기 기관.

단계를 드러내었지요. 동시에 필연적으로 세계 자본 제국주의의 팽창을 가져와 이들의 패권과 이데올로기 경쟁이 지구 곳곳을 약육강식의 도가니로 몰아넣어 버렸습니다. 다시 말해 산업 혁명에 의한 독점 대량 생산이 자국 내의 수요를 훨씬 초과하게 되자, 그 막강한 경제력의 배출구 겸 소비시장으로서 해외 식민지에 눈을 돌리게 된 것입니다. 이런 식민지 쟁탈전에 앞장선 것이 영국, 프랑스, 포르투갈, 네덜란드 등 서구 열강들이었습니다. 그중에서도 영국은 선두주자로서 일찍이 '대영제국'의 깃발 아래 호주, 뉴질랜드, 남아프리카 공화국 등을 식민지로 만들어 명실 공히 '해가 지지 않는 나라'가 되었지요.

인내천 변호사   그렇다면 아시아에서의 상황은 어떻게 전개되었는지 설명해 주시지요.

나개화   이들 열강들의 관심은 아시아라고 해서 예외가 아니었습니다. 아시아의 황무지, 서쪽의 광활한 투르크 땅으로 들어가 풀어 놓은 망아지 떼처럼 이리저리 종횡무진 뛰어다니며 마음대로 선을 긋고 말뚝을 박고 다녔습니다. 지금 카자흐스탄, 키르키스탄, 우즈베키스탄, 투르크스탄 등이 모두 이때 열강들에 의해 그어진 것입니다. 후에 러시아가 다시 강대해지면서 이곳 중앙아시아의 땅이 대부

왜 동학 농민 운동이 일어났을까?

분 러시아로 편입되었다가 지금은 분리 독립되어 있지만요. 19세기 당시 170여 개에 달하는 현재의 지구상 국가들은 태반이 서구 열강들의 강제 점령에 의해 분할 지배를 받았던 것이지요. 투르크의 분할이 끝나자 이번에는 '아시아의 병든 대국'이었던 대륙의 분할을 목표로 삼았습니다. 이때는 미국도 열강에 끼어들어 그들의 신식무기인 대포를 쏘아대며 아시아의 해양에 군함을 배치해 놓고 양자강등 수많은 물줄기를 통해 들어와 잠식하기 시작했지요. 중국을 거쳐 조선의 요새에도 굉음을 울렸던 것입니다.

보국안민
나랏일을 돕고 백성을 편안하게
하는 것을 말합니다.

나개화의 증언을 듣고 있던 방청객들이 술렁거렸다.

"중국은 서양과 전쟁에서 크게 패하여 자기 땅의 일부를 서양 국가들에게 빼앗겼다고 하더군."

"홍콩인가 하는 지역이 몇 년 전인가에야 중국에 반환되었다는 기사를 읽을 것 같네만."

재판정이 시끄러워지자, 판사는 이내 입을 열어 주의를 주었다.

판사 자자, 조용히 해 주십시오! 증인은 말씀을 계속해 주시지요.

인내천 변호사 존경하는 판사님, 이 부분은 제가 말씀드리겠습니다. 우리 조선도 서구 열강의 서세동점에서 예외가 아니었습니다. 서구 열강의 식민지 확장 시기를 '서세동점기'라고 합니다. 서구 세력에 의해 고요하던 동방의 땅에 포성이 울리고, 왕조가 무너지고, 곳곳의 땅에 보지도 듣지도 못한 인종들이 들어와 '자기네들 땅'이라 하여 마음대로 휘젓고 다녔던 시기입니다. 이로 인해 해당 국가의 백성들은 갈피를 못 잡고 울부짖게 되었습니다. 국제 정세에 대해 좀 더 명철하게 판단해야 나라도 지킬 수 있지 않을까 합니다. 조선도 예외는 아닌 상황이었는데, 조선 정부는 그러지 못했습니다. 그러나 최제우는 "서양은 싸우면 이기고 치면 빼앗아 이루지 못하는 것이 없다"고 위기의 상황임을 지적하면서 **보국안민**(輔國安民)의 계책을 염려하기도 하였습니다. 동학은 보국안민하는 것을 무엇보다도 중요하게 생각하였습니다. 그래서 훗날 일본 제국주의가 조선을 침략할 때 모든 동학 교도들이 **기포**(起包)하였던 것입니다.

기포
동학 농민 운동 때 농민 등이 동학의 조직인 포(包)를 중심으로 하여 봉기하였던 일을 의미합니다.

이대로 변호사   존경하는 판사님, 저도 이 상황에서 한마디 드릴 말씀이 있습니다. 허락하여 주시기 바랍니다.

판사   이대로 변호사 말씀하시지요.

이대로 변호사   감사합니다. 서세동점의 시기에 조선 정부가 아무 일도 하지 않았다는 것은 틀린 말입니다. 조선 정부도 그에 대한 나름의 준비를 하였습니다. 정부는 서양과 거래나 외교를 하는 것을 모두 금지시켰습니다. 대원군은 "서양 오랑캐가 침입하는데 싸우지 않으면 화해할 수밖에 없고, 화해를 주장하면 나라를 파는 것이 된다. 우리 자손만대에 경고하노라"라는 척화비를 각지에 세워 경각심을 고취시켰습니다. 이 얼마나 훌륭한 방법입니까?

판사   이대로 변호사, 자화자찬이 너무 심하군요.

인내천 변호사   판사님, 이 변호사의 말은 반론할 가치도 없습니다. 제가 계속 이어도 되겠습니까?

판사   계속하세요.

인내천 변호사   그러면 가까운 이웃인 중국은 어떻게 서세동점의 시기를 보냈는지 증인의 설명을 듣도록 하겠습니다.

판사   조금 전 증인의 말을 들으면서 놀랐는데, 중국도 서세동점의 피해자라고요? 매우 흥미롭군요.

인내천 변호사   그렇습니다. 판사님. 중국이 조선보다 먼저 서양의 침략을 받았습니다. 증인, 먼저 서양의 중국 침략에 대해 말씀해 주시기 바랍니다.

나개화   알겠습니다. 중국은 땅이 넓은 나라이기 때문에 자급자족이 가능하였습니다. 그런데 17세기 후반 들어오면서 중국의 남부 지역에 영국, 프랑스, 네덜란드의 선박들이 드나들기 시작하였습니다. 이에 중국 정부는 광둥을 비롯하여 다섯 개의 항구를 개방하였습니다. 이때까지만 해도 중국은 세계의 중심이라는 자부심이 강하였지요. 그러나 서양 국가의 상선들이 계속해서 중국으로 들어오자 무역 제한령을 내렸습니다. 그래서 개항장은 광둥 하나로 제한하였고 무역도 관의 허락을 받도록 하였어요. 이를 공행이라고 합니다만.

판사 증인, 공행이라면 무엇을 말하는 것인가요?

나개화 그것은 중국 청나라 때에 외국과의 무역을 독점하였던 관허(官許) 상인들이 결성한 조합을 이르는 말입니다. 당시 무역은 그들의 주도 하에 이루어졌습니다.

판사 그렇군요. 인 변호사 계속하세요.

인내천 변호사 중국은 물자가 넉넉하였기 때문에 시혜를 베푼다는 의미에서 다섯 개의 항을 개항한 것으로 알고 있습니다. 그런데 왜 무역 제한령을 내리게 된 것인가요?

나개화 당시 중국은 서양 국가 외에도 많은 나라와 무역을 하고 있었습니다. 서양 국가 중에는 단연 영국이 규모가 가장 컸습니다. 영국은 모직물과 식민지 인도에서 생산한 면화를 중국으로 수출하였고, 중국은 견직물과 차를 수출하였습니다. 그런데 이 과정에서 영국은 **무역 역조 현상** 현상이 일어나면서 대량의 은이 중국으로 유출되었습니다. 이는 결국 영국 경제에 악영향을 미치게 되었던 것이지요.

인내천 변호사　그래서 영국에서 차가 유명하게 되었군요. 그렇다면 영국은 어떻게 대처하였는지요.

나개화　영국은 은의 유출을 막기 위해 새로운 상품을 개발하였는데, 바로 아편이었습니다. 아편이 중국에 등장하자 엄청난 양이 팔려 나가기 시작하였습니다. 결국 중국은 아편쟁이로 넘쳐났고, 막대한 경제적 파탄을 초래하였습니다. 이에 중국 정부는 무역을 할 수 있는 항구를 광둥 하나만 남겨 두었지만 이미 사회에 만연돼 가고 있는 아편의 수입을 막을 수가 없었습니다. 이 때문에 중국 하면 아편을 많이 하는 나라로 인식하게 된 것이지요.

인내천 변호사　영국이 자국의 이익을 위해 파렴치한 행위를 하였군요.

나개화　그렇습니다. 영국은 인류 역사에서 가장 비인간적인 상행위를 하였다고 보면 됩니다. 아편이 물밀듯이 들어오면서 중국인들의 건강도 매우 위험한 상황에 놓이게 되었어요. 이에 중국 정부는 아편 수입을 금지시켰음에도 영국은 불법으로 아편을 거래하였습니다. 하는 수 없이 중국 정부는 임칙서를 양광총독으로 임명하여 아편 수입을 전면적으로 막도록 하였습니다. 임칙서는 영국과의 통상을 단절시키는 것이 상책이라고 판단하여 마침 아편을 실은 영국 상선이 정박하자 이를 불태워 버렸습니다.

인내천 변호사　중국 정부에서 대국답게 아주 세게 나갔군요. 하지만 영국이 그냥 당하고 있지 않았을 것 같은데요.

아편 전쟁을 주제로 그린 그림.

할양
국가 사이에 합의가 이루어져 자기 나라 영토의 일부를 다른 나라에 넘겨주는 일을 가리키는 말입니다.

치외 법권
다른 나라 영토에 있으면서 그 나라의 법에 적용을 받지 않는 국제 법에서의 권리를 말합니다.

최혜국 대우
조약을 체결한 나라가 상대국에 대해 가장 유리한 혜택을 받는 나라와 동등한 대우를 해 주는 일입니다.

나개화   그렇습니다. 영국은 이를 기회로 중국에 대한 침략의 부리를 본격적으로 드러내기 시작하였습니다. 영국은 자국 상품을 보호한다는 명분으로 전쟁을 일으켰습니다. 바로 지구상 최악의 전쟁이라고 하는 아편 전쟁입니다. 이 전쟁으로 중국은 영국의 무력 앞에 크게 패하였고, 홍콩을 영국에 할양(割讓)하게 되었습니다. 이후 영국은 치외 법권과 최혜국 대우를 인정받게 되면서 중국에 대한 무역의 실권을 장악하게 되었습니다. 이는 경제적 침략이라고 할 수 있습니다. 이를 본받아 프랑스와 미국도 영국과 같은 요구를 통해 중국의 경제를 침략하였습니다.

인내천 변호사   이후 중국은 영국과 프랑스에 의해 수도 베이징(北京)이 함락되었다고 들었습니다만.

나개화   중국의 입장에서는 참으로 부끄러운 일입니다. 중국은 외세, 즉 물밀듯이 밀려오는 서구 열강들을 도저히 견딜 수 없게 되었지요. 다시 한 번 외세와 대결을 자초하게 되었는데, 바로 애로우호 사건입니다. 애로우호 사건으로 영국과 프랑스 연합군에 의해 베이징이 함락돼 버렸습니다. 이로써 중국은 천자의 나라, 중화의 나라라고 하였던 자존심을 버리고 세계 속의 일국으로 전락하게 되었습니다. 겉으로는 나라를 유지하였지만 실제적으로 반식민지와 같은 상황이었습니다. 더 이상 자주적인 국가였다고 할 수 없었습니다. 믿을 수 없는 일이지만 사실이었습니다.

인내천 변호사 판사님, 이번에는 일본의 상황을 들어 보도록 하겠습니다. 일본은 호시탐탐 조선을 노리고 있었기 때문입니다. 예부터 일본은 우리 조선의 이웃이었습니다. 그런데 일본은 서구의 문물을 빨리 받아들여 제국주의로 성장하였습니다. 그런데 문제는 이웃처럼 가깝게 지내던 일본이 서구 열강과 같이 제국주의 국가가 되었다고 우리 조선을 업신여기고 넘보기 시작하였다는 것입니다. 잘 아시다시피 일본은 역사적으로 우리 조선으로부터 많은 도움을 받았습니다. 그런데 제국주의 국가가 되어 우리 땅을 집어삼킬 기회만을 엿보고 있다니……. 증인, 그 과정을 간략히 설명해 주시겠습니까?

나개화 그러지요. 일본도 처음에는 조선과 마찬가지로 쇄국 정책을 하였지요. 다만 네덜란드만은 예외였습니다. 이 과정에서 **척양파**와 개국파가 대립하였습니다. 그런데 쇄국 정책을 취하던 막부가 미국과 러시아, 영국, 프랑스 등과 조약을 체결하자 젊은 무사를 중심으로 천황을 옹호하는 존왕양이파가 형성되었지요. 이들은 "천황의 영도 아래 외국인을 축출해야 한다"라고 주장하는 한편 외국인과 무역하는 상인이나 외국인을 살해하기도 하였습니다. 그러나 일본은 1863년과 1864년 두 차례에 걸친 영국 등 서구 열강과의 전쟁

척양파
서양을 배척하는 무리를 가리키는 말로, 나라의 문호를 열어 다른 나라와 교류할 것을 주장하는 무리를 뜻하는 말인 '개국파'의 상대적인 개념입니다.

막부
1192년에서 1868년까지 일본을 통치한 쇼군의 정부를 가리키는 말입니다. 천황은 상징적인 존재가 되고 쇼군이 실질적인 통치권을 가졌지요.

메이지 유신을 통해 일본을 강대국으로 만든 천황의 행차를 그린 그림.

난학
일본 에도 시대에 네덜란드에서
전래된 지식을 연구한 학문을 말
합니다.

에서 참패하였습니다. 존왕양이파는 근대적 무력의 뒷받
침이 없이는 서양을 물리치는 것은 어렵다고 판단하고 오
히려 막부 타도 운동을 전개하였습니다. 결국 1868년 막
부 체제가 무너지고 천황 친정 체제가 부활되었습니다. 바
로 메이지 천황이지요. 그리고 "일본의 독립을 지키고 완전한 자주
권을 행사하여 근대 국가가 되어야 한다"는 국민적 합의를 도출하
였습니다.

인내천 변호사   증인, 좀 더 간단히 설명해 주시지요.

나개화   그렇게 하겠습니다. 일본의 정세를 간단히 말씀드리면, 다섯
가지 요인으로 정리할 수 있습니다. 첫째는 젊은 하급무사들의 주체
세력 형성, 둘째는 물품의 유통과 상업 활동의 촉진, 셋째는 **난학**(蘭學)

의 수용과 새로운 시민계층의 성장, 넷째는 적절한 서양 세력의 접근 시기, 다섯째는 존왕양이파의 발 빠른 인식의 전환이라고 할 수 있습니다.

판사 그런 과정이 있었군요. 일본이 제국주의 국가가 된 것은 그냥 된 것은 아니었군요.

인내천 변호사 그럼, 일본이 조선을 침략하게 된 배경은 무엇인가요? 즉 정한론이 대두하게 된 것은 언제, 무슨 일 때문이었는지요?

나개화 앞에서 말씀드렸듯이 일본은 메이지 천황 때 메이지 유신이 있었지요. 이 유신 정부와 조선 정부의 서계 문제, 즉 외교 문제 때문에 불거졌습니다. 유신 정부는 그동안 조선과 외교를 담당하였던 쓰시마 번에 서계를 주면서 왕정복고를 통지하라고 하였습니다. 그런데 조선 정부는 서계를 공식적으로 접수하기를 거부하였습니다. 이런 서계 문제로 굴욕을 당한 일본에서는 정한론이 대두되었던 것이지요. 미야모토 고이치는 「조선론」에서 다음과 같이 조선 문제를 주장한 바 있습니다. 그중 중요한 부분을 한번 읽어 보겠습니다.

왕정을 복고해 대호령이 천황 폐하에게서 나오는 까닭에 조선을 아득한 옛날과 같이 속국으로 삼고, 번신의 예를 갖추지 않으면 안 됩니다. 마땅히 속히 천황의 사신을 파견해서 그 황명을 거역함을 꾸짖고 공물을 바치게 해야 합니다.

재판정은 이내 술렁거렸다. 나개화의 증언을 듣고 있던 방청객 사

정한론

1870년대를 전후하여 일본 정계에서 강력하게 대두된 한국에 대한 공략론을 가리키는 말입니다.

이에서는 욕설이 튀어나오기도 하였다.

"배은망덕이라고, 이건! 그동안의 은덕을 모르고."

"아니, 너무 건방지잖아!"

재판정이 매우 소란스러워지자 판사가 방청객들을 둘러보며 정리하였다.

판사 자자, 조용히 하세요! 신성한 법정에서 욕을 하거나 큰 소리를 내는 사람은 법정 소란죄로 다스리겠습니다. 명심들 하세요! 그러니까 서계 문제로 인해 일본 정부는 조선으로부터 받은 외교적 굴욕을 갚기 위해 군대를 파견해야 한다는 정한론이 일었다는 말이네요. 인내천 변호사, 계속 진행하시지요.

인내천 변호사 일본은 조선을 침략하기 위해 운요호 사건을 일으켰다고 알고 있는데요.

나개화 맞습니다. 일본 정부는 조선을 침략하기 위해 철저하게 준비를 하였습니다. 침략의 명분을 만든 것이지요. 인천 앞바다에 배를 띄워 포격을 가하도록 하였습니다. 그 결과 일본은 조선과 1876년 강화도 조약을 맺었고, 이로써 조선 침략이 본격화되었던 것입니다.

인내천 변호사 증인의 증언으로 당시의 일본의 본질을 파악할 수 있었습니다. 수고 많으셨습니다. 이상으로 증인 신문을 마치도록 하겠습니다.

판사 증인은 이제 자리로 돌아가셔도 좋습니다.

　　나개화의 증언이 모두 끝나 증인석을 떠났는데도 재판정은 오히려 무거운 기운이 감돌고 있었다. 방청객들은 일본의 침략이 그토록 오래전부터 차근차근 준비되어 왔다는 것을 알고 두 손을 불끈 쥐고 부르르 몸을 떨어 댔다.

인내천 변호사　　판사님, 일본의 침략적 근성에 대해 잘 파악하셨을 것입니다. 원고 최제우도 일본의 침략을 진작 경계하였습니다. "개 같은 왜적 놈을 한울님께 조화 받아 일야에 멸하고서 전지무궁하여 놓고", 또 "개 같은 왜적 놈이 전세임진 왔다 가서 술싼 일 못하였다고 쇠술로 안 먹는 줄 세상사람 뉘가 알꼬. 그 역시 원수로다"라고 하였지요. 이렇게 동학은 근본적으로 일본을 배척하였습니다. 그럼에도 조선 정부는 일본에 무기력하게 대응하였습니다.

이대로 변호사 판사님, 이의 있습니다. 인내천 변호사가 역사를 왜곡하고 있습니다. 일본이 조선을 침략하려고 할 때 조선 정부는 최선을 다해 대처하였습니다.

판사 이대로 변호사, 무턱대고 나서지 마세요. 오늘은 원고 측 변론을 중심으로 전반적인 상황을 들어 본 관계로 피고 측 변론의 기회가 별로 없었음을 인정합니다. 그러나 다음 재판에서는 충분한 기회를 드릴 것이니 조급해 하시지 말기 바랍니다. 그럼 오늘 재판은 이상으로 마치도록 하겠습니다.

땅! 땅! 땅!

왜 동학 농민 운동이 일어났을까?

제국주의와 식민지

제국주의라는 말의 어원은 라틴어의 황제(imperator), 제국(imperium)에서 비롯되었습니다. 프랑스의 나폴레옹 1세와 3세가 로마제국을 재현시키려고 하는 것에서 처음 제국주의라고 하였습니다. 그러나 이 말이 일반화된 것은 나폴레옹 3세의 몰락을 보도하였던 영국의 신문 『데일리 뉴스』(1870년 6월 8일자) 보도에서 프랑스 제2제정을 '제국주의'라고 지칭한 후부터였습니다.

제국주의란 말이 사회적 의미를 가지게 된 것은 1877년 러시아가 터키의 이스탄불을 점령하려고 하였을 때입니다. 이때부터 제국주의는 종종 열광적인 주전론(主戰論)과 같은 뜻으로 쓰이게 되었습니다. 1880~1890년대 영국은 제국주의를 영국의 번영과 진보를 상징하는 표상으로 여기고 그것을 오히려 적절하게 활용하였습니다. 그러나 1870년경부터 제국주의라는 말은 근대적인 의미와 내용을 가진 말로 사용되었는데, 그것은 사회적 불안이 증대하는 한편 자본주의 국가 사이의 팽창주의적 경쟁이 격화되었기 때문입니다.

제국주의 국가들은 식민지를 구축하였는데, 주로 유럽 국가 중심으로 이루어져 왔습니다. 유럽의 초기 식민지는 희귀한 자원과 노예의 확보를 위한 것이었습니다. 남아메리카의 은, 아프리카의 금, 상아와 노예, 인도의 후추 등이 제국주의 국가의 대표적인 목표물이었지요. 이후 산업 혁명은 대량생산을 위해 보다 많은 자원과 노동력을 필요로 하였고, 동시에 생산된 제품을 판매할 곳이 필요하였습니다. 당시의 대표적인 제국주의 국가는 영국이었습니다.

자본주의가 발전하면서 식민지는 에너지 및 자원의 확보와 자본 투자처로

동양척식주식회사(경성지사)로 현재는 철거되었다.

서 더욱 유용해졌습니다. 이를 위해 제국주의 국가는 식민지에 척식회사를 설립하였습니다. 대표적인 척식회사는 영국과 네덜란드의 동인도회사, 일본의 동양척식주식회사 등이 그것입니다. 후발 제국주의 국가로는 미국과 일본이 있습니다.

제국주의의 전성기였던 제1차 세계대전 직전의 시기에 이르러 세계는 이른바 열강이라 불리던 제국주의 국가와 식민지로 양분될 지경에 이르렀습니다. 식민지들은 대부분 격렬하게 제국주의에 저항하였으며, 제2차 세계대전 이후 1960년대에 이르러서는 대부분 독립하였습니다.

다알지 기자

시청자 여러분, 안녕하세요. 역사공화국
법정 뉴스의 다알지 기자입니다. 지금 저는
최제우와 서헌순에 대한 재판을 벌이고 있는
한국사법정에 나와 있습니다. 이번 재판이 동
학을 창시하고 혹세무민을 하였다고 하여 참수형
을 당한 최제우와 그를 판결한 서헌순이라는 사실 때문에 역사공화국
에서 큰 관심거리였습니다.

　재판 첫째 날인 오늘은 원고가 소송을 제기한 배경에 대한 치열한
공방전이 펼쳐졌습니다. 이로써 조선 후기 봉건적 모순, 그리고 서구
열강과 일본의 침략에 대해 자세하게 살펴볼 수가 있었습니다. 피고
측은 원고 최제우가 민중들이 조금 살기 어렵다고 허황한 사상으로 이
들을 선동하고 반란을 기도하였다고 주장하고 있습니다. 이에 원고 측
은 조선 정부의 통치 이념이라고 하는 성리학의 한계에 대하여 구체적
인 사례를 들어 가면서 정부의 실정을 폭로하였고, 국가와 민족이 얼
마나 큰 위기에 봉착해 있는지 조선 후기의 상황을 부각시켰습니다.
그럼 오늘 재판의 원고인 최제우와 피고인 서헌순의 이야기를 들어 보
겠습니다.

최제우

재판을 하면서 천하를 떠돌아다니던 그 시
절이 떠올라 마음이 아팠습니다. 금강산을 비
롯하여 전국을 돌아다니면서 경험한 척박한
백성들의 삶은 나로 하여금 뜨거운 눈물을 흘리
게 할 만큼 가슴 아린 현실이었습니다. 그런데도 조
선의 고위층에 앉은 양반들은 자신들의 이익만을 좇고 자신들의 영향
력이 약화될까 봐 백성을 억압하기에 여념이 없었습니다. 더욱이 서
양 세력과 일본은 조선을 식민지로 만들기 위해 서서히 침략의 마수를
드러내고 있었습니다. 이러한 풍전등화와 같은 위기 상황에서 나는 보
국안민, 광제창생으로 민중들이 주인이 되는 세상을 만들려고 하였습
니다. 그런데 조선 정부는 피고를 보내 나에게 혹세무민한다는 죄명을
씌워 참수형에 처하였습니다. 그래서 나는 원통한 심정을 떨쳐 버릴
수가 없어서 역사공화국에 와서 이 소송을 제기한 것입니다. 이번 소
송을 통해 내가 창시한 동학이 참된 가르침이었다는 것을 꼭 증명하겠
습니다.

왜 동학 농민 운동이 일어났을까?

서헌순

사실 최제우로부터 내가 소송을 당했다는 소식을 듣고 참으로 세상이 바뀌긴 했구나 하는 생각이 들었습니다. 조선 시대였다면 상상도 할 수 없었던 일이지요. 나는 조선 정부의 명을 받아 최제우를 재판한 것뿐인데 말입니다. 처음에는 당황하였지만 기왕 소송의 당사자가 되었으니 최선을 다해 최제우가 창시한 동학이 백성들을 속이고 혹세무민하였다는 것을 이번 재판을 통해 당당하게 밝히겠습니다. 조선이라는 나라는 성리학이라는 공고한 통치 이념으로 살기 좋은 나라를 만들기 위해 500년 간 노력하였습니다. 그리고 삼강오륜이라는 윤리 도덕은 오늘날까지도 미덕으로 남아 있습니다. 다만 조선 후기 들어 사회가 잠시 이완되면서 흐트러진 모습을 마치 전체적인 것으로 인식하였다는 것은 장님 코끼리 만지기에 불과합니다. 비록 어려운 순간은 있었지만 조선 후기에 나타난 봉건적 모순을 극복하고 서구 열강의 침략에 나름대로 대응하고자 하였습니다. 그런 조선 후기를 제대로 평가하지 않고 나를 상대로 소송을 하였다고요? 이 소송이 잘못되었다는 것을 반드시 깨닫게 해 주겠습니다.

동학은 왜 생겨났을까?

1. 최제우는 왜 동학을 만들었을까?
2. 동학 사상은 어떻게 발전하였을까?
3. 조선 정부와 유생들은 왜 동학을 배척하였을까?

교과 연계

한국사
Ⅲ. 조선 사회의 변화와 서구 열강의 침략적 접근
   3. 19세기 정치 질서의 문란과 사회 동요
      3) 새롭게 등장하는 사상

1

최제우는
왜 동학을 만들었을까?

　　오늘 재판정에는 첫째 날에 별로 보이지 않던 조선 사회에서 가장 심한 천대를 받던 천민들도 참석한 것 같았다. 그들의 꼬질꼬질한 겉모습 때문에 잔뜩 움츠리고 있는데도 쉽게 눈에 들어왔다. 그들이 눈치가 보여도 여기에 온 것은 오늘 재판이 동학에 관한 것이기 때문이었다. 그동안 동학이 평등한 새로운 사회, 즉 지상 천국을 만들기 위한 것이라는 소문을 그들도 들었을 터였다. 동학에 들어가면 양반과 상놈이 서로 맞절을 한다는 이야기도 들었던 터였다. 방청객들은 첫째 날에 이어 재판이 어떻게 진행될지 매우 궁금해 하는 얼굴이었다.

판사　　자, 그러면 둘째 날 재판을 시작하겠습니다. 먼저 원고 측 변호인, 궁금한 것이 있는데요. 첫째 날에 원고 측에서 변론한 주된 내용이 삼정의 문란, 서세동점, 민란이었는데, 그것이 동학과 어떤 관계가 있는지 설명해 주겠습니까?.

인내천 변호사   분명 관계가 있습니다. 동학은 바로 그런 문제들을 극복하기 위해 나온 사상이었으니까요. 판사님, 그 문제는 오늘 동학이 무엇인지, 왜 세상에 나오게 된 것인지 얘기하다 보면 자연 아시게 될 것입니다.

판사   알겠습니다. 그럼 계속 진행하세요.

인내천 변호사   알겠습니다. ▶동학은 크게 네 가지의 사상적 특성을 가지고 있습니다. 첫째는 **시천주**의 평등사상, 둘째는 **후천개벽**의 혁세사상(革世思想), 셋째는 **척왜양창의**의 민족 주체사상, 넷째는 유무상자(有無相資)의 대동사상입니다. 이를 입증하기 위해 원고 최제우의 말을 직접 들어 보는 것이 좋을 것 같습니다.

판사   그게 좋겠습니다. 원고는 앞으로 나오시기 바랍니다.

방청객의 호기심 어린 시선이 일제히 최제우에게로 쏠렸다. 최제우는 위엄 있는 자태로 앞으로 걸어 나왔다.

인내천 변호사   최제우에 대해 많은 사람들이 성인이라고 칭송하던데요. 원고의 탄생 과정에 대해 간략히 말씀해 주시겠습니까?

시천주
'모실 시(侍)', '하늘 천(天)', '주인 주(主)'라는 한자를 쓰는 말로, 천주(天主)는 따로 존재하는 것이 아니라 사람 안에 있다는 뜻을 담고 있습니다. 천주를 몸과 마음에 모시고 있는 사람은 신분이나 빈부, 적서, 남녀 구분에 관계없이 모두 평등하고, 수행을 하면 누구나 군자가 될 수 있다는 의미지요.

후천개벽
인류의 역사를 크게 선천(先天)과 후천(後天)으로 구분하며, 5만년에 걸친 선천의 시대가 지나고 후천의 시대가 열렸다며 변화에 대한 민중의 갈망을 고취한 것입니다.

척왜양창의
왜와 서양 세력을 배척하여 의병을 일으킨다는 뜻입니다.

교과서에는

▶ 동학의 교리에서 가장 중심이 되는 것은 시천주, 즉 '사람이 곧 하늘'이라는 것이었습니다.

최제우　감사합니다. 나를 성인이라고 칭송해 주신다고요? 글쎄요. 성인들은 대부분 탄생 설화가 있습니다만 나의 경우 설화는 아니에요. 부처는 태어날 때 하늘에서 꽃비가 내렸다고 하는데, 나는 태어나기 전에 마을 앞 진산의 구미산이 사흘 동안 울었다고 합니다. 그리고 태어나는 날 오색구름이 집을 둘렀고 향긋한 향기로 가득하였다고 합니다. 구미산은 큰 인물이 날 때마다 울었다고 하는데, 그래서 어른들은 아마 나도 큰 인물이 될 것으로 여기셨습니다. 쑥스럽군요.

인내천 변호사　어릴 때도 특별한 행동이 많았다고 하는데 어떤 것들이 있었습니까?

최제우　어렸을 때 친구들이 어른들의 말을 듣고 나에게 "너의 눈은 역적이 될 눈"이라고 놀렸는데, 그때 화가 나서 "나는 역적이 될 터이니 너희들은 순량한 백성이 되라"고 소리친 적이 있습니다. 또 하루는 아버지에게 "다른 사람들은 모두 아버지를 보고 먼저 절을 하는데 아버지는 왜 먼저 절할 줄을 모르십니까?" 하고 여쭈어 본 적이 있습니다. 그런데 어느 날 대감이 찾아오자 아버지가 급하게 신발을 신고 대문까지 나가 맞아들이시는 겁니다. 어린 나의 눈에 그런 것들이 이상하게 느껴졌습니다. 그때 어렴풋이 신분 차별이 있다는 것을 느꼈던 것 같습니다.

인내천 변호사　원고는 세상에 대해 회의를 가진 것은 언제쯤이었습니까?

최제우　열일곱 살 때쯤이라고 생각됩니다. 아버님이 돌아가신 후

에 집에 화재가 나 몽땅 타버렸습니다. 세상에 혼자 남은
것 같았습니다. 절망이라는 것을 처음 느껴 보았습니다.
그때 두 가지 갈림길에서 고민을 하였습니다. 전통의 가업
을 이을 것이냐, 아니면 제세안민(濟世安民)의 구도 생활로 나설 것
이냐 하는 것이었지요. 나는 많은 고민 끝에 후자를 택하였습니다.
후천개벽의 역사를 만들기 위한 첫걸음이었습니다.

인내천 변호사　　그랬었군요. 그럼, 그다음에는 어떻게 지냈습니까?

최제우　　가족을 처가에 맡기고 금강산과 같은 명산대천을 찾아 전
국을 떠돌아다니면서 세상의 인심과 풍속을 살펴보았습니다. 이를

제세안민
세상을 구제하고 백성을 편안하
게 한다는 뜻입니다.

음양복술
팔괘·육효·오행 따위를 살펴
과거나 미래의 운수 또는 길흉
을 미리 판단하는 방법이나 기
술을 말합니다.

각자위심
제각기 마음을 달리 먹는다는
말입니다.

주유천하라고 하더군요. 떠돌아다니면서 **음양복술**도 배워 보고, 장사도 해 보고, 말도 타 보고, 검술도 배웠습니다. 그리고 불교에도 심취했었습니다. 10여 년을 그렇게 보냈습니다. 그러나 얻은 것은 **각자위심(各自爲心)**이었습니다. 세상은 자신만을 위할 뿐 함께 살아가야 한다는 공동체 의식이 사라져 버렸더군요.

인내천 변호사　실망이 많았겠군요. 그 후로도 계속 떠돌이 생활을 하였나요.

최제우　그렇지 않습니다. 10년을 떠돌고 나니까 새로운 방법을 생각하게 되었습니다. 이제는 한곳에 정착하여 명상과 사색을 하기로 하였지요. 그래서 처가가 있는 울산 여시바위골에 삼 칸 초가집을 짓고 사색에 잠겼습니다. 그러던 어느 날 한 스님이 찾아왔습니다. 금강산 유점사에서 백일기도를 마치던 날 책 한 권이 놓여 있었는데, 그 뜻을 알 수가 없어서 가지고 왔다고 하더군요. 스님은 나에게 잘 해석해 달라고 하면서 돌아갔습니다. 머리를 들어 보았더니 스님은 흔적도 없이 사라지고 없었습니다. 그때는 이상하게 생각하였지요. 그 책에는 49일 동안 기도를 하라는 내용이 적혀 있었습니다. 이 책을 『을묘천서(乙卯天書)』라고 합니다.

이대로 변호사　참으로 희한한 일이군요. 어찌 그런 일이 일어날 수 있지요? 그걸 믿을 수 있습니까? 그러니까 혹세무민한다고 하는 것입니다.

인내천 변호사　믿고 안 믿는 것은 이대로 변호사의 마음입니다. 혹세무민은 조선 정부가 하지 않았나요. 백성들이 정부를 못 믿으니까 민란을 일으키는 것이라고 봅니다.

이대로 변호사 조선 정부는 누구보다도 백성을 사랑하였습니다. 잘못이 있으면 그때그때 고치거나 개정할 것을 공지하곤 했으니까요.

인내천 변호사 이대로 변호사는 정부의 **면피성** 발언을 그대로 믿으시는군요. 그러나 그 당시 백성들은 조선 정부가 콩으로 메주를 쑨다고 해도 아무도 믿지 않는 상태였습니다.

이대로 변호사 인내천 변호사의 말이 너무 심하군요. 마치 조선 정부가 도둑놈으로 가득하다는 건가요?

면피성
책임이나 의무를 지지 않고 피하는 성질을 일컫는 말입니다.

이대로 변호사는 매우 흥분하여 얼굴이 벌게졌다. 그냥 두면 두 변호사가 한판 싸움을 벌일 것만 같았다. 재판정 안은 팽팽한 긴장감이 돌았다. 방청객 일부에서는 좋은 구경거리라도 생겼으면 하고 바라는 눈치였다. 그러나 판사는 이내 위엄 있는 어조로 모두를 진정시켰다.

판사 자자, 다들 조용히 하세요. 두 변호사도 진정해 주시기 바랍니다. 인내천 변호사는 흥분을 좀 가라앉히고 말씀을 계속하시지요.

인내천 변호사 증인, 그럼 이후에 49일 기도를 하였겠군요.

최제우 그렇습니다. 당시 마음이 절박한 상태였거든요. 처음에는 양산에 있는 내원암에서 49일 기도를 하였습니다. 47일째 되던 날

외숙이 돌아가신 것을 알게 되었습니다. 아쉽지만 기도를 그만두고 고향으로 돌아갔습니다. 그런데 고향에서는 난리가 났지요. 그동안 연락도 되지 않던 사람이 갑자기 나타났기 때문이었지요. 자초지종을 말하였더니 날더러 도사가 되었다고 하더군요. 그렇지만 초심으로 돌아가 다시 수양을 계속하였는데, 이번에는 언양에 있는 천성산 적멸굴에서 계획대로 49일 기도를 마쳤습니다. 그러나 나는 그때도 깨달음을 얻지 못하였습니다.

인내천 변호사　실망이 컸겠군요. 그래서 포기를 하였습니까?

최제우　실망이 컸습니다만, 여기서 그만둘 내가 아니지요. 그렇게 포기할 거였다면 처음부터 시작을 하지 않았을 겁니다. 이제는 마지막이다, 라는 심정으로 모든 것을 정리한 후 고향으로 돌아왔습니다. 아버지로부터 물려받는 유일한 곳 바로 용담정이었습니다. 그때의 심정을 담은 시가 있는데, 한번 읊어 봐도 괜찮겠습니까?

원고 최제우가 판사를 바라보자 판사가 고개를 끄덕이며 허락하였다. 작은 기침으로 목청을 가다듬은 최제우가 굵직한 음성으로 읊기 시작하였다.

구미 용담 찾아오니 흐르나니 물소리요 높으나니 산이로세.

좌우산천 둘러보니 산수는 의구하고 초목은 함정하니 불효한 이내 마음 그 아니 슬플쏘냐.

오작은 날아들어 조롱을 하는 듯하고 송백은 울울하여 청절을

최제우가 명상을 하다가 득도했던 용담정의 모습.

　　지켜 내니 불효한 이내 마음 비감회심 절로 난다.

최제우　　용담정으로 돌아온 나는 마음을 굳게 먹고, 문 앞에다 '불출산외(不出山外)' 네 글자를 써 붙였습니다. 이곳에서 도를 깨닫지 못하면 다시 세상에 나가지 않겠다는 중한 맹세였던 것이지요. 아, 이때 이름도 제선에서 제우로 고치고 자도 도언에서 성묵으로 바꾸었습니다. 이름을 제우라 고친 것은 세상의 어리석은 사람을 건지겠다는 신념이었습니다. 그리고 명상에 빠져들었습니다.

인내천 변호사　　그러면 언제까지 명상을 하였습니까?

최제우　　경신년인 1860년 4월 5일이었습니다. 몸과 마음이 떨리며 무슨 병인지 알 수가 없었습니다. 말로 형용할 수 없는 황홀한 지경이었습니다. 문득 공중에서 외치는 소리가 들렸는데, 천지가 진동하는 듯하였지요.

인내천 변호사　　그날에 대한 기록을 읽은 적 있습니다. 그럼 1860년 4월 5일이 동학을 창시한 날이겠군요. 그럼 그날부터 포교를 바로 시작하였는지요.

최제우　　그건 아니었습니다. 한울님은 나를 세 번 시험하였습니다. 첫 번째는 세상을 건지기 위해 금력과 권력을 준다고 하였습니다. 나는 단호히 거절하였습니다. 두 번째는 권모술수를 주겠다고 하였

　　왜 동학 농민 운동이 일어났을까?

습니다. 그래도 나는 거절하였습니다. 세 번째는 조화의 술법을 준다고 하였습니다. 나는 이것마저도 거부하였습니다. 그랬더니 '오심즉여심', 즉 내 마음이 곧 네 마음이라는 가르침을 주었습니다. 한울님 마음과 내 마음이 같다는 것이지요. 바로 한울님을 내가 모셨다는 시천주입니다. 좀 더 쉽게 설명하면 사람이 곧 한울님이라는 말입니다. 내가 창시한 동학의 가장 핵심적인 덕목이라고 할 수 있습니다.

이대로 변호사　판사님, 이의 있습니다. 대체 이런 이야기를 얼마나 더 들어주어야 합니까? 시천주는 혹세무민하는 말입니다. 어떻게 사람과 한울님이 같다고 할 수 있습니까?

인내천 변호사　잘 알지 못하면 가만히 앉아 있으세요. 성리학에서는 그렇게 생각할 수 있지만 동학은 그렇지 않습니다.

이대로 변호사　내가 잘 모른다고요? 그럼 당신은 잘 알아서 이런 말도 안 되는 얘기가 이 재판과 연관이 있다는 겁니까? 도대체 내가 뭘 모른다는 겁니까, 말씀해 보세요!

판사　이대로 변호사, 진정하세요. 조금만 더 들어 봅시다. 내가 듣기에는 매우 신선한 얘기 같은데요. 법은 누구에게나 공정하라고 하였습니다. 여기서 말하는 시천주도 그런 의미로 느껴졌습니다.

인내천 변호사　바로 이해하셨습니다. 이대로 변호사는 아마 영원히 이해할 수 없을 것입니다.

이대로 변호사　인내천 변호사, 잘난 척하지 마세요. 나도 알 만큼은 압니다.

이대로 변호사의 얼굴이 붉으락푸르락 하였다. 이에 비해 인내천 변호사는 득의만만한 표정으로 방청석을 둘러보았다.

판사　인내천 변호사, 이대로 변호사. 두 분 다 진정하세요. 서로 감정을 좀 다스려야겠습니다.

인내천 변호사　주의하겠습니다. 원고는 동학을 포교하기 시작한 것은 어느 때부터입니까?

최제우　동학을 창시하고 1년 동안은 한울님과 대화를 하였습니다. 이를 후에 사람들이 '천사문답(天師問答)'이라고 이름 붙였더군요. 첫 포교는 동학을 창시한 지 1년 후인 신유년(1861년) 6월에 부인이었습니다. 그렇게 포교를 시작하여 이후 따르는 사람들이 3000여 명이 넘었습니다.

인내천 변호사　대단하였군요. 성리학 통치 이념 하의 조선 정부가 그냥 두지는 않았을 텐데요.

최제우　정부에서는 나를 체포하려고 하였습니다. 그래서 전라도 남원 은적암으로 피신을 하기도 하였습니다.

이대로 변호사　그건 당연한 것이었습니다. 조선 정부에서는 성리학 이외에는 모두 이단으로 취급하였습니다. 따라서 탄압은 당연한 조치였지요. 성리학만이 참된 가르침을 가르치고 있다고 믿는 사회이니까요. 그리고 그 가르침으로 사회 질서가 유지되고 있었으니까요.

인내천 변호사　그렇습니다. 성리학은 자신의 학문과 다른 것은 모두 이단이라고 하여 배척하였습니다. 더욱이 16세기에는 명분론에

휩싸여 당쟁이 격화되기도 하였고, 공리공론에 빠지다 보니 외침을 당하기도 하였습니다. 아참, 이야기가 옆으로 갔네요. 죄송합니다. 증인, 동학에 입도한 사람이 3000여 명이었다고 하면 놀랄 만한 숫자입니다. 그럼 무엇 때문에 그렇게 많은 교도들을 모을 수가 있었나요. 특별한 비법이라도 있었는지요.

최제우　특별한 비법은 없었습니다. 한울님의 가르침이 그들로 하여금 동학에 입도하도록 하였을 뿐입니다.

판사　한울님의 가르침이라니요? 그래서 이단이라고 하지 않았나요. 그렇지만 그렇게 많은 교도를 모았다는 것은 농민들이 혹하고 좋아할 수 있는 참된 가르침이 있기 때문이 아닌가 합니다만, 어디 들어 봅시다.

최제우　한울님의 가르침은 바로 동학의 핵심적인 사상입니다. ▶간단히 말씀드린다면, 민족주의적 성격, 평등주의를 중심으로 한 민주주의 성격, 시천주의 인간 존중 사상 등이지요. 그 외에도 많이 있지만, 이런 가르침이 그동안 차별받던 농민들에게는 새로운 희망을 주었던 것입니다.

이대로 변호사　판사님, 이의 있습니다. 인간은 태어날 때부터 신분이 정해져 있습니다. 그렇기 때문에 주어진 신분대로 사는 것이지요. 왜 그런 속담이 있지 않습니까? 뱁새가 황새를 쫓아가려다가 가랑이 찢어진다. 바로 여기에 해당하는 말이라고 봅니다. 그리고 원고가 말한 것은 모두 백성을 농락하는 짓입니다.

> **교과서에는**
>
> ▶ 신분과 계급을 초월하여 모든 인간을 평등하게 보는 것이 바로 동학의 근본 사상이었습니다.

사회계약론을 주장했던 프랑스의 철학자 장자크 루소.

루소
루소는 18세기 프랑스의 작가이자 사상가입니다. 이성보다는 감성을 중시하는 낭만주의의 기초를 마련하였으며, 인위적인 문명 사회의 타락을 비판하고 자연으로 돌아갈 것을 역설하였지요. 저서 『인간 불평등 기원론』이 유명합니다.

천부인권론
모든 사람은 태어나면서부터 하늘이 준 자연의 권리, 곧 자유롭고 평등하며 행복을 추구할 수 있는 권리를 가진다는 학설입니다.

가렴주구
세금을 가혹하게 거두어들이고, 무리하게 재물을 빼앗는 관리들의 횡포를 일컫는 말입니다.

판사 이대로 변호사, 꼭 그렇지만은 않다고 봅니다. 인간은 태어날 때부터 누구나 귀한 존재입니다. 루소는 이를 천부인권론이라고 하였지요.

인내천 변호사 존경하는 판사님. 적절한 지적을 해 주셨습니다. 증인, 그렇다면 동학의 핵심적인 사상에 대해 차근차근 설명해 주시기 바랍니다.

최제우 알겠습니다. 첫째는 후천개벽의 혁세사상입니다. 지금까지의 혼란한 사회는 반드시 무너지며 이상사회, 즉 지상 천국을 만들어 가자는 것입니다. 이는 민유방본이라는 명분론적 성리학의 왕도정치에서 벗어나고, 가렴주구와 수탈을 일삼는 지배층에 대한 비판의식을 내포하고 있는 것이지요. 바로 진보사상, 혁명사상으로 발전하여 봉건적 사회를 개혁하자는 것입니다. 둘째는 시천주의 인간 존중 사상입니다. 시천주라는 의미는 누구나 한울님을 모시고 있다는 것입니다. 왕도 양반도 천민도 남자도 여자도 어른도 아이도 다 같이 한울님을 모시고 있기 때문에 서로 존중해야 한다는 것이지요. 그래서 동학에 들어오면 양반과 상놈이 서로 맞절을 합니다. 동학만의 독특한 삶의 방식이지요. 셋째는 척왜양창의의 민족주체사상입니다. 동학은 반제국 반침략을 옹호하고 있으며, 이를 실천하고자 하였습니다. 특히 일제의 침략을 이미 간파하여 일본을 개 같은 왜적 놈이라 불렀습니다. 넷째는 유무상자의 대동사상입니다. 동학을 하는 집안은 정부로부터 탄압을 받았기 때문에 생계에 적지 않는 위협을 받았습니다. 그래서 교도들 중에서 가진 자는 가지지 못한 교도들을 서로 도와가면서 살아가야 한다는 것이지요. 멀리 내다본다면 경제적 평등을 추구하는 사회주의와 같은 사상을 담고 있다고 할 수 있습니다. 이를 통해 대동, 즉 모두가 하나가 되는 **동귀일체**를 주장하였습니다.

동귀일체
천도교에서 인간의 정신적 결합을 뜻하는 말입니다. 저마다 다른 마음을 이겨 내고 한울님의 참뜻으로 돌아가 한 몸같이 되는 일을 이르는 것이지요.

방청석에서는 "맞소", "맞소" 하는 소리가 터져 나오기도 하였다. 그러는 한편 갓 쓴 양반들은 "저놈은 죽어 마땅해" 하면서 극단적인 표현이 난무하였다. 판사는 소란스러운 광경을 말없이 지켜보고 있다가 손을 들어 제지하였다. 중구난방으로 떠들어대던 방청객들이 일순 판사를 쳐다보았다.

판사 차별과 세금의 횡포에 시달리던 백성들은 모두 좋아했겠군요. 아주 매력적인 학문입니다.

인내천 변호사 동학은 누구나 평등하다는 명제에서 출발하고 있습니다. 그렇기 때문에 차별을 근본으로 하는 성리학은 동학을 탄압할 수밖에 없었을 것으로 판단합니다. 그렇다면 원고는 왜 동학을 창시하게 되었는지를 말씀해 주시기 바랍니다.

최제우 사실 뭔가 거창한 의미를 갖고 시작한 것은 아닙니다. 천하를 떠돌면서 삼정의 부패에 살기 힘들어하는 농민들의 삶을 보았고, 외세의 침략이 심히 걱정되는데도 조선 정부는 세도 정치의 횡포가 극에 달해 도탄에 빠져 허덕이는 백성들의 참상에 눈을 감고 있는 것을 보면서 좀 더 나은 세상, 누구나 억울함을 당하지 않는 평등 세상, 이 나라를 우리 손으로나마 지켜야 한다는 생각으로 동학을 만들게 되었습니다. 그래서 나의 생각에 공감하며 나를 따르는 많은 사람에게 동학 사상은 힘겨운 생활에서 큰 위안을 주는 것이었을 거라고 믿습니다.

인내천 변호사 그렇군요. 그런 생각으로 시작된 것이군요. 그럼 한 가지만 더 묻겠습니다. 간단하게 동학의 의의를 정리한다면 무엇일까요?

최제우 글쎄요. 아, 이렇게 말씀드릴 수 있겠네요. 첫째는 조선 중심의 문명사회 개척이며, 둘째는 기층 민중의식을 대변하였다는 점이고, 셋째는 조선 민중의 주체사상 확립이라고 할 수 있을 것입니다. 바로 근대 의식의 발로라고 할 수 있겠지요.

인내천 변호사 그럼 동학은 한국의 근대 사상의 모태라고 할 수 있겠군요. 판사님, 이상으로 원고에 대한 신문을 마치도록 하겠습니다.

판사 오늘 좋은 얘기 많이 들었습니다. 원고는 이제 들어가셔도 좋습니다.

왜 동학 농민 운동이 일어났을까?

조선 후기 60여 년간의 세도 정치

　세도 정치의 본래 의미는 '세상 가운데의 도리'인 세도(世道)를 실현하는 정치로, 그런 정치가 되기 위해서 세도의 책임자가 정치를 주도해야 한다는 것입니다. 그러나 조선 시대 순조·헌종·철종 대에 실제로 전개되었던 정치 형태를 칭할 때는 세도의 책임을 맡은 자가 세도를 빙자하여 세력을 휘둘렀다는 부정적인 의미에서 세도(勢道) 정치라고 불렸지요.

　세도 정치의 효시는 정조 초에 정조의 신임으로 세도의 책임을 부여받은 홍국영의 독단적인 정치 운영이라 할 수 있습니다. 정조는 자신이 왕이 되는 데 적극 후원해 주었던 홍국영에게 정치의 전권을 부여하였던 것입니다. 그런데 홍국영의 독단적인 정치는 정조의 친정으로 막을 내리게 되었지요. 그러나 정조 사후에 나이 어린 순조를 대신하여 외척들이 정치에 참여하면서 세도 정치가 본격화되었습니다.

　순조 이후에는 안동 김씨, 풍양 조씨 등 노론 출신의 외척 가문들이 정치의 주도권을 행사하고, 여기에 남양 홍씨, 대구 서씨, 연안 이씨, 나주 박씨 등 노론의 몇몇 유력 가문이 참여하여 권력을 독점하는 등 본격적인 세도 정치가 행해졌습니다. 이들 가문들은 당쟁을 통해 다른 당파, 다른 가문들을 정치적으로 도태시키면서 주도권을 확립하였는데, 이는 곧 당쟁의 주요 쟁점이었던 명분과 의리 다툼에서 승리하였음을 의미하기도 합니다.

　오랜 당쟁의 과정에서 살아남은 세도 가문들은 그들 스스로가 내세운 명분과 의리를 세상 가운데의 올바른 도리로 정립하고 스스로 그런 의리의 실현자, 곧 세도의 책임자로서 자임하곤 하였지요. 이들은 관료적 기반, 사림으로서의 명망, 왕실의 외척으로서의 정치적 영향력 등으로 정치적 주도권을 행사하였습니다. 대표적인 예가 안동 김씨 김조순 집안입니다. 김조순은 순조비의 아버지로서 순조가 친정하면서부터 정치권을 장악하였습니다. 그는 노론의 중심인물이었던 김수항, 김창집 등 선대가 쌓아 놓은 정치적 기반을 이어받았으며, 그 자신은 초계문신(抄啓文臣)으로서 정조에게 신임을 받았습니다. 김조순의 뒤를 이어 김좌근, 김병기, 김문순 등이 풍양 조씨 조만영 집안과 경쟁하면서도 세도 가문의 지위를 놓치지 않았습니다. 이들은 비변사를 장악하여 고위 관직을 계속 독점하였으며, 군영을 장악하여 군사력을 그들의 통제 안에 두었습니다. 이로 인해 국왕은 정치를 거의 이들에게 의존하게 되었고 독자적인 정치력을 행사하지 못하였습니다.

세도 정치가 행해졌던 19세기는 봉건적 사회가 급격히 해체되는 변동기로서 일반 백성은 물론이고 양반들마저도 권력으로부터 소외되어 갔습니다. 따라서 백성들은 점차 격화되어 가는 사회 모순에 저항하기 시작하였고, 1862년(철종 13)에는 삼남 지방에서 농민들이 대대적으로 봉기하였습니다. 이에 세도 정권은 사회 모순의 해결 없이는 정권 유지가 불가능함을 깨닫고, 농민들의 요구사항의 하나였던 삼정 문제의 해결을 약속하고 사태를 수습하였으나 그것마저도 제대로 시행되지 않았습니다. 농민 항쟁으로 조성된 정치적 위기 상황 속에서 1863년 고종의 왕위 계승을 계기로 대원군 정권이 등장함에 따라 세도 정치는 막을 내리게 되었습니다.

왜 동학 농민 운동이 일어났을까?

2

동학 사상은
어떻게 발전하였을까?

인내천 변호사　백성이 곧 나라의 근본이라는 것을 통치 이념으로 하는 성리학이 동학을 그렇게 탄압하다니 참으로 잔인하군요. 그렇지만 동학은 최제우가 처형된 이후에도 많은 사람으로부터 사랑을 받았습니다. 거기에는 나름대로 이유가 있다고 봅니다. ▶양반과 성리학자들이 동학을 금지시켰지만 백성들은 계속해서 동학에 입도하였습니다. 백성들이 무엇 때문에 동학에 푹 빠져들었을까요. 이를 입증하기 위해 증인을 한 사람 부르고 싶습니다.

판사　이번에 나오는 증인은 누구인가요?

인내천 변호사　영화 〈개벽〉의 모델이었던 해월 최시형입니다. 최제우에 이어 동학의 교조가 되어 동학을 크게 신장시킨 인물이지요.

교과서에는

▶ 정부가 동학을 사교로 규정하고 최제우를 처형하였지만 백성들은 동학을 떠나지 않았습니다. 동학은 농촌 사회에 널리 보급되었지요.

포접

동학이 갖고 있었던 교단 조직제
로 남접은 정부에 대해서 강경한
교단으로 전봉준이 중심이 되었
고, 북접은 최시형이 중심이 된
온건한 교단이었습니다.

판사　증인은 나와서 선서를 해 주세요.

최시형　나는 진실만을 말할 것을 선서합니다!

인내천 변호사　증인은 최제우의 뒤를 이어 동학의 최고 책임자가 되었고, 36년 동안 숨어 지내면서 동학을 포교하였습니다. 우선 동학의 최고 책임자로서 남긴 업적은 무엇인지요.

최시형　나는 배운 것은 없지만 동학에 입도한 이후 모든 일에 진실한 실천적인 삶을 살아왔습니다. 머슴 출신으로 배우지 못하였지만, 어렵게 사는 농민들의 척박한 삶을 누구보다도 잘 이해하고 있습니다. 36년 동안 동학을 이끌어 오면서 교리를 체계화하였고, 포접으로 조직을 재건하는 한편 동학의 교세를 전국적으로 확산하였습니다. 스승 최제우는 경주를 중심으로 동학의 교세를 유지하셨지만 나는 강원도, 충청도, 경상도, 전라도뿐만 아니라 황해도 지역까지 동학을 포교하였습니다. 또한 동학의 가르침을 담은 『동경대전』과 『용담유사』를 간행하였습니다. 그리고 향아설위(向我設位)라는 제사의 례를 제정하였지요.

인내천 변호사　향아설위라는 제사법은 처음 듣는데, 어떤 것인지요.

최시형　예부터 전해 오는 제사법은 향벽설위라고 할 수 있습니다. 벽에다가 조상님 위패를

동학의 제2대 교조 해월 최시형.

모시고 제사상을 모시는 것이지요. 그렇지만 동학은 벽을 향해 위패를 모시는 것이 아니라 나를 향하여 위패를 모시는 것입니다. 나의 부모는 첫 조상으로부터 몇만 대에 이르도록 혈기를 이어받아 나에게 이른 것이며, 또 부모의 심령은 한울로부터 몇만 대를 이어 나에게 이른 것이니 부모가 죽은 뒤에도 혈기는 나에게 남아 있는 것이며, 심령과 정신도 나에게 남아 있는 것이지요. 그러므로 제사를 받들고 위(位)를 베푸는 것은 그 자손을 위하는 것이 본질이 되는 것입니다.

인내천 변호사 그렇군요. 일반적으로 제사라는 것은 조상을 위하는 것인데, 동학에서는 조상뿐만 아니라 후대에 올 자손에게도 정성을 드리는 것이군요. 매우 혁명적이라 할 수 있습니다. 증인, 증인이 동학을 널리 포교하였더라도 새로운 이상적 가르침이 있어야 많은 교도를 얻을 수 있었을 텐데, 특별한 방법이라도 있는 건가요.

최시형 그렇습니다. 나는 성리학을 신봉하는 조선 정부로부터 36년 동안 쫓겨 다녔습니다. 한곳에서 오랫동안 머물러 있을 수가 없었지만, 그러는 과정에서도 동학을 널리 알리려고 애썼습니다. 그동안 정신적으로 피폐해져 있던 농민들은 동학의 가르침에 오랜 가뭄에 물을 만난 것 같았을 것입니다. 스승 최제우는 사람은 한울을 모시고 있다는 시천주의 가르침을 주셨지요. 나는 이를 사인여천(事人如天)이라고 해석하였습니다. 사인여천은 사람을 한울같이 섬겨야 한다는 뜻이지요.

이대로 변호사 그럼 천하고 천한 천민들도 한울같이 섬겨야 한다는 말인가요? 말도 안 되는 소리입니다. 어찌 그럴 수가 있단 말입니까?

최시형 아니지요. 사람은 누구나 태어날 때부터 한울을 모시고 있습니다. 그렇기 때문에 누구나 평등하고 서로 존중해야 하는 것입니다. 동학을 하는 사람은 서로 만나면 맞절을 하곤 하지요. 그래서 절 잘하는 동학이라고 불립니다. 내가 실천적인 삶을 통하여 민중들에게 설파한 것은 이런 것입니다. 첫째는 삼경입니다. 삼경은 경천, 경인, 경물입니다. 우리 인간은 오래전부터 하늘을 공경하였으며, 인간도 공경하였습니다. 성리학은 자기네들, 즉 양반만 공경하였지만 동학은 모든 사람을 똑같이 공경하였습니다. 나아가 물건도 공경하였습니다. 그동안 물건이라고 하면 하찮은 것으로 취급하여 함부로 대하였지만 동학은 하찮은 물건이라도 한울처럼 공경하였습니다.

인내천 변호사 네. 그것은 오늘날 절약 정신의 효시라고 할 수 있을 것 같은데요. 또 다른 것은 무엇이 있나요?

최시형 그다음은 만민평등설입니다. 사람은 한울이니 차별이 없습니다. 사람이 인위적으로 귀천을 가르는 것은 곧 천의를 어기는 것입니다. 우리 모두가 일체의 귀천의 차별을 철폐해야 합니다. 이는 스승 최제우의 가르침이기도 합니다. 바로 성리학의 신분제를 부정하는 것이지요. 앞에서도 말씀드렸듯이 동학은 누구나 평등하다고 하였습니다. 그동안 대접만 받던 양반이나 천대받던 농민, 나아가 천민까지도 평등하다는 것이지요. 차별만 받아왔던 농민이나 천민들은 동학에 들어와서 인간다운 대접을 받게 되었던 것입니다. 양반들은 몹시 싫어하였겠지만 농민이나 천민들은 누구나 환영하였지

요. 이것은 인간의 존엄성을 강조한 것이니까요.

이대로 변호사　　판사님, 증인이 방금 말했다시피 동학은 성리학을
부정했습니다.

인내천 변호사　　이 변호사님, 동학이 성리학을 부정했다고 했습니
까? 성리학의 신분제를 부정한다는 말이었지요.

이대로 변호사　　지금 저하고 말장난하자는 것입니까? 성리학을 중
시하는 조선 사회는 창립될 때부터 신분제 사회였습니다. 각자 타고
난 신분에서 성실히 노력하고 살면 사회 질서가 유지되고, 그로써
사회 발전이 이루어진다고 믿었으니까요. 거기에 불만을 품고 나라

정책에 반하는 사상을 품은 것은 원고 최제우입니다. 그것은 한마디로 반역인 것이지요.

인내천 변호사 오죽 살기 힘든 사회였으면 민중들이 그런 꿈을 가지겠습니까? 그리고 이대로 변호사, 세계 역사를 보더라도 혁명과 투쟁이 역사의 발전을 가져오지 않았던가요?

판사 두 분 변호사, 또 왜들 이러세요. 진정들 하시고 증인의 얘기를 조금만 더 들어 보도록 합시다. 인내천 변호사, 계속하세요.

인내천 변호사 죄송합니다. 증인, 그럼 동학에 또 다른 말씀이 있는지요.

최시형 물론이지요. 천주직포라는 말이 있습니다. 이 말의 이해를 돕기 위해 내가 이야기를 하나 들려드리겠습니다. 내가 청주를 지나다가 서택순의 집에 머무른 적이 있었습니다. 그때 마침 그의 집에서 며느리가 베를 짜고 있었습니다. 그래서 서택순에게 물었지요. 누가 베를 짜는가 하고요. 서택순이 대답하기를 제 며느리입니다, 라고 하였습니다. 그래서 내가 물었지요. 그대의 며느리가 베 짜는 것이 참으로 그대의 며느리가 베를 짜는가 하고요. 서택순이 무슨 말인지 몰라 어리둥절하였습니다. 베를 짜는 것은 며느리가 아니라 바로 한울이었던 것입니다. 여성도 한울을 모시고 있는 존재입니다. 이는 차별받던 여성 인권에 대한 새로운 인식이라고 할 수 있겠지요. 그런데도 여성 평등 하면 서양의 전유물로만 생각하고 있다고 하더군요.

이대로 변호사 존경하는 판사님, 남녀의 차별은 엄격합니다. 남녀

칠세부동석이라든가 부부유별이 그 대표적인 사례가 아니겠습니까? 그런데 어찌 남녀가 평등하다고 할 수 있습니까? 그러니까 동학을 혹세무민하다고 하는 것입니다.

판사 저도 그전에는 그렇게 생각하였는데, 지금은 바뀌었어요. 요즘에는 집에서 설거지도 하고 걸레질도 하곤 합니다. 그것도 해 볼만 합니다. 이대로 변호사도 한번 해 보시지요.

이대로 변호사 판사님, 무슨 말씀이세요. 예부터 남자가 부엌에 들어가면 고추가 떨어진다는 말도 있지 않습니까? 절대로 그럴 수는 없습니다. 아무리 세상이 변했다지만…….

인내천 변호사 맞습니다. 이대로 변호사는 절대로 부엌에 들어갈 위인이 못 되지요. 그저 여성이 삼종지도에 따르는 것을 미덕으로 알고 있을 테니까요.

이대로 변호사 공정한 판결을 해야 하는 판사님께서 그렇게 편향된 말씀을 해도 되나요?

판사 허, 이대로 변호사. 지금 나를 비난하는 겁니까? 걱정하지 마세요. 내 생각이 요즘 변했다는 것일 뿐 판결은 분명 공정하게 할 것입니다. 인내천 변호사는 진행을 계속하세요.

인내천 변호사 증인, 어떤 가르침이 또 있었나요.

최시형 얘기가 자꾸 끊기네요. 다음은 대인접물입니다. 사람을 대하고 물건을 접할 때에는 반드시 악을 숨기고 선을 찬양하는 것을 주로 삼아야 합니다. 혹 저 사람이 꾸밈으로써 나를 대하면 나는 어질고 용서하는 마음으로 대하고, 또 교활하고 간사하게 말을 꾸미거

삼종지도
여자가 따라야 할 세 가지의 도리를 이르는 말로, 시집가기 전에는 아버지를, 시집가서는 남편을, 남편이 죽은 뒤에는 아들을 좇는다는 말입니다.

든 나는 정직하게 순히 받아들이면 자연스럽게 순화된다는 것입니다. 사람이 살아가는 데 있어서 무엇보다 중요한 것은 착하고 정직해야 한다는 말이지요.

인내천 변호사   그 밖에도 좋은 가르침이 있으면 말씀해 주시지요.

최시형   알겠습니다. 식일완 만사지(食一碗 萬事知)입니다. 그냥 풀이하면 밥 한 그릇 속에 세상의 모든 지혜가 담겨 있다는 말이지요. 한울은 사람에 의지하고 사람은 먹는 데 의지합니다. 그렇기 때문에 만사를 안다는 것은 밥 한 그릇 먹는 이치와 같습니다. 요즘 사람들은 먹을 때 욕심껏 담아서 남기는 것을 아무렇지도 않게 하더군요. 그것은 한울을 슬프게 하는 일입니다. 이천식천이라고 하였습니다. 먹는 것 하나라도 아끼는 생명사상을 우리는 배워야 합니다. 그리고 천지는 부모요 부모는 곧 천지다, 라는 가르침도 있었지요. 사람이 어렸을 때 어머니의 젖을 먹고, 자라서는 오곡을 먹습니다. 어머니의 젖은 천지의 젖이며, 오곡 또한 천지의 젖인 것입니다. 이는 자연, 나아가 미물이라도 그 생명을 존중해야 한다는 뜻이지요.

인내천 변호사   동학에는 매우 심오한 가르침이 들어 있었군요. 저도 한때 동학을 공부한 적이 있긴 하지만 제대로 알지 못해 부끄럽습니다. 수고하셨습니다. 원고 측 증인 신문을 마치겠습니다.

3

조선 정부와 유생들은
왜 동학을 배척하였을까?

판사　지금까지 동학이 주장하는 사상이 무엇이며, 어떻게 발전시켜 왔는지를 살펴보았습니다. 그러면 이제부터는 동학이 왜 조선에서 배척당했는지 구체적으로 알아보겠습니다.

인내천 변호사　존경하는 판사님! 이 부분은 원고 측에서 먼저 말씀드리겠습니다.

판사　피고 측 이의 없으신가요?

이대로 변호사　이의 없습니다.

인내천 변호사　원고 최제우가 가장 억울하게 생각하는 것은, 왜 자신이 성리학이라는 통치 이념 아래 이단으로 낙인찍혀 죽임을 당했어야 하는가 하는 것입니다. 원고는 이 재판을 통해 적어도 조선이 성리학 이데올로기 시대였다고 하지만 동학이 혹세무민하지 않은 학문으로 정당하게 평가받기를 원할 뿐입니다. 그런데 여전히 일부에서는 동학이 나쁜 학문이며 미신이라는 오명을 받고 있습니다. 이는 다름 아닌 조선 정부와 피고와 같은 성리학자들 때문입니다.

판사 피고와 성리학자가 어떻게 동학을 나쁜 학문으로 만들었습니까?

인내천 변호사 이렇지요. 동학이라고 일컫는 것은 서양의 사술을 전부 답습하고 특별히 명목만 바꿔서 어리석은 사람들을 현혹하게 하는 것일 뿐이므로, 만약 조기에 천토(天討)를 행하여 나라의 법으로 처결하지 않는다면 결국에 중국의 황건적이나 백련교라는 도적들처럼 된다고 하였습니다. 동학을 도적의 무리로 몰아버린 것이지요.

이대로 변호사 맞는 말 아닙니까? 동학은 도적의 무리입니다. 저주와 참위(讖緯)의 내용이 담긴 부적을 사람들이 다니는 길가에 붙여 놓고, 나중에는 인간의 도리와 법도에 어긋나는 말을 감히 궐문 앞에서 부르짖었습니다. 이런 일련의 행위, 즉 흉악한 계책과 술수를 숨기고 백성을 위한다는 현란한 말로 인심을 현혹하고 나라를 혼란스럽게 하여 새로운 나라를 만든다는 것이 어찌 역모가 아닙니까? 그것은 반란을 일으키는 도적의 무리들이 쓰는 수법과 하등 다를 것이 없다고 생각합니다.

인내천 변호사 판사님, 그렇지 않습니다. 이대로 변호사야말로 동학을 왜곡하고 있습니다. 성리학은 가진 자, 즉 양반을 위한 학문이라면, 동학은 모든 사람을 위한 학문이라고 할 수 있습니다. 가진 자

와 가지지 못한 자가 서로 대접받는 그런 사회를 만들고자
하는 것이지요. 오늘날로 말하면 다소 진보적인 학설이라
고 할까요. 성리학도 한때는 그렇지 않았나요?

이대로 변호사　물론 그러했지요. 성리학도 한때는 차별
을 받았습니다. 그렇지만 500년 가까이 조선의 정신적 토대가 되어
온 상황에서는 성리학 이외에는 모두 이단인 것이지요. 판사님, 여
기서 당시 조선의 문인이었던 피고의 증언을 들어 보면 어떨까요?

판사　그게 좋을 것 같습니다. 피고 서헌순은 앞으로 나와 주세요.

이대로 변호사　피고는 성리학을 공부하신 분으로서 그때의 상황과
동학을 어떻게 바라보았는지 말씀을 해 주시기 바랍니다.

서헌순　조선은 모든 곳에 성리학이 깊이 뿌리 내린 사회입니다.
성리학으로 사회 질서를 유지하고 있기 때문에 그에 반하는, 그래서
사회에 혼란을 초래하는 것은 당연히 막아야 한다고 생각합니다. 조
선의 학자인 나 자신도 성리학이 아닌 다른 학문을 결코 용인할 수
가 없습니다. 하물며 한 나라를 통치하는 조선 정부의 입장에서 어
떠해야 했겠습니까? 당시 이런 일도 있었습니다. 성리학을 공부한
자들이 주자의 가르침을 받들지 않아 성리학자 윤휴와 박세당이 사
문난적(斯文亂賊)이라고 하여 목숨을 잃기도 하였습니다. 하물며 동
학은 성리학에서 볼 때 구제할 수 없는 사교에 불과합니다. 주자가
"창을 부여잡고 북을 치며 떠들어대면서 호랑이를 쫓는 것이 잠들었
을 때 얼른 죽이는 것만 못하다"라고 말하였습니다. 그러나 동학을
하는 무리들은 단지 잠자는 호랑이 정도가 아니라고 봅니다. 그러므

사문난적
성리학에서 교리를 어지럽히고
사상에 어긋나는 언행을 하는
사람을 이르는 말입니다.

성토

여러 사람이 모여 국가나 사회에 끼친 잘못을 소리 높여 규탄하는 것입니다.

로 처단하거나 **성토**하는 모든 조치를 잠깐이라도 늦출 수 없었고, 속히 그 괴수와 무리들을 찾아내서 죽여야 할 자는 죽이고 회유해야 할 자는 회유하는 것이 마땅한 일이었다고 생각합니다.

판사 동학과 성리학이 그렇게 차이가 있나요? 제가 보기에는 별로 그렇지 않은 것 같은데요.

서헌순 예, 동학과 성리학은 근본적으로 다릅니다. 조선은 공자와 주자의 가르침을 근본으로 하는 나라입니다. 조선은 예를 중시하고 타고난 신분에서 벗어날 수 없는, 반상의 차별이 확실한 나라이지요. 그것이 나라의 질서를 바르게 유지하게 하는 힘이기 때문입니다. 그래서 조선에서는 성리학 이외의 모든 가르침은 이단이라 하여 조금의 허용도 하지 않았습니다. 조선 이전에 국교로 삼아 온 불교도 그래서 조선 시대에는 많은 배척을 받았던 것이지요. 하물며 어떤 근거도 없이 어느 날 갑자기 미신적 요소를 갖고 등장한 동학을 어떻게 조선에서 받아들일 수 있었겠습니까. 게다가 적서 차별과 남녀의 구분을 없앤다고 하는 것은 반정부의 요소가 있다는 것입니다. 그 당시 비슷한 논리를 펴며 밀려들어와 있던 서학도 마찬가지였지요. 서학이 조선 정부로부터 엄청난 박해를 받았듯이 동학도 서학으로 몰아서 없애려고 한 것입니다. 사회 질서를 무너뜨리는 암적 존재였으니까요.

판사 그럼 동학이 서학과 같았다는 말인가요?

서헌순 꼭 그렇다고는 볼 수 없겠지요.

이대로 변호사   판사님, 이 부분은 제가 말씀드리겠습니다. 동학의 가르침 중에 천주라는 말이 있어 서학과 같은 것으로 보았던 일면이 있었습니다. 그래서 서학과 마찬가지로 취급하였던 것입니다. 동학이 경주에서 처음 포교되었을 때는 호응하는 사람들이 적었는데, 시간이 지나면서 그 무리가 점점 커졌습니다. 성리학에 반하는 사상이 널리 퍼져 무리를 이룬다는 것은 조선 정부로서는 위험천만한 일이었습니다. 성리학의 정통을 자부하던 영남 지역에서는 이 때문에 상소문이 빗발치듯이 올라왔습니다.

판사   상소문이오? 상소문을 올린 곳은 어디였나요?

　　이대로 변호사가 서류 뭉치를 뒤적이자 그 틈을 타 인내천 변호사가 나섰다.

인내천 변호사   존경하는 판사님, 그것에 대해서는 제가 말씀드리도록 하겠습니다. 상소문을 올린 곳은 상주의 도남서원이었습니다.

판사   상소문의 내용은요.

인내천 변호사   이런 내용이 담겨져 있었습니다. "지금 이 요망한 마귀와 같은 흉측한 무리들이 하는 짓은 분명 서학을 개두환명한 것이다. 옛날에는 감히 영남 지역에 서학이 들어오지 못하였으나 이른바 동학은 선악의 질서를 어지럽히는 쭉정이 풀과 같이 들어와 자라고 있다. 우리들의 급선무는 햇빛을 못 보게 넝쿨을 뽑아버려야 한

개두환명
머리를 다시 달고, 남의 이름을 자기 이름인 체하여 거짓 행세를 한다는 뜻입니다.

다"라는 등의 내용으로 되어 있습니다. 동학을 뿌리부터 뽑아버려야한다는 내용이었습니다. 요즘에 제초제를 쓰듯이 확 뿌려 씨를 말려야 한다는 것이지요.

판사　그럼, 서원의 유생들이 상소문을 올린 이유는 무엇인가요?

인내천 변호사　유생들은 동학이 민중 속으로 빠르게 파고들자, 자신들의 영향력과 권위가 떨어지는 것을 못마땅하게 여겼던 것입니다. 특히 귀천을 타파하자는 동학의 가르침을 조선 정부를 뿌리째 흔드는 일로 받아들였던 것입니다.

이대로 변호사　인내천 변호사의 말이 맞습니다. 존경하는 판사님, 여기서 피고 측 증인 한 분을 신청하고자 합니다.

판사　증인을요? 이유가 있습니까?

이대로 변호사　증인은 철종의 장인으로 당시 최고 권력을 가진 자로 조선 정부와 유생의 입장을 누구보다 명쾌하게 말씀해 주실 거라고 생각합니다.

판사　철종의 장인이라면 김문근 대감을 말씀하시는 건가요?

이대로 변호사　그렇습니다.

판사　좋습니다. 증인 김문근은 앞으로 나와 주십시오.

이대로 변호사　어려운 걸음 해 주셔서 감사합니다. 그 당시 조선 정부와 유생들이 생각하는 동학은 어떤 것이었는지요.

김문근　무슨 말이 더 필요할까요? 조선은 500년 동안 성리학으로 나라를 지탱해 왔습니다. 성리학이 뭡니까? 조선은 분명한 신분제 사회이고, 유교적 윤리 도덕을 지키며 사회 질서를 유지해 왔습니

다. 그런데 그런 허무맹랑한 말로 백성들을 현혹하니 어찌 가만두고
볼 수 있겠소.

이대로 변호사 좀 더 구체적으로 말씀해 주시겠습니까?

김문근 구체적으로 말이오? 음, 그러지요. 내가 듣기로, 동학을 하
는 자들은 귀천을 구별하지 않으며, 백정과 술을 파는 자들과도 서
로 왕래합니다. 더 심한 것은 휘장으로 규방을 만들어 남녀가 들락
거리고 홀어미와 홀아비가 가까이하기도 하였습니다. 아주 망측한
일이지요. 또한 있는 자든 없는 자든 서로 기꺼이 도와주었습니다.
그런 행위는 분명 빈궁한 자들에게는 기쁜 일이었을 것입니다. 그러

나 신분 차별이 엄연하고 그것을 지키는 것을 오랜 예로 여겨 온 조선 사회에서 이는 아주 천박한 행동이며 도저히 용납할 수 없는 일이지요.

인내천 변호사　존경하는 판사님, 동학은 평등을 무엇보다도 가치 있게 여겼습니다. 증인이 말한 것처럼 동학은 천박한 것이 아니라 그것은 평등이라는 것을 실천하는 모습이었습니다. 그리고 빈궁한 자를 돕는 것은 동학의 실천 강령의 하나인 바로 유무상자의 정신입니다. 얼마나 멋지게 살아가는 모습입니까, 안 그렇습니까?

인내천 변호사가 방청객을 돌아보며 묻는 듯이 말하자 방청석에서는 "맞습니다", "우리가 원하는 세상입니다" 하는 외침이 터져 나왔다. 그렇지만 갓 쓴 양반들은 아무 말도 못하고 인상을 찌푸린 채 듣기만 하였다. 개중에는 똥 묻은 것을 털어내는 듯한 표정을 짓는 갓 쓴 노인도 없지 않았다. 방청석이 소란스레 웅성거리자 판사는 다시 한 번 주의를 주었다.

이대로 변호사　인내천 변호사, 이제 막가자는 것입니까? 존경하는 판사님, 인내천 변호사에게 주의를 부탁드립니다.

판사　인내천 변호사, 방청객의 답변을 유도하지 말아 주십시오.

인내천 변호사　판사님, 제가 너무 흥분하였습니다. 용서해 주십시오. 두 번 다시 그런 행동을 하지 않겠습니다.

판사　그럼 이대로 변호사 계속 변론하시지요.

　왜 동학 농민 운동이 일어났을까?

이대로 변호사   네, 계속하겠습니다. 증인, 그 당시 조선 정부의 입장은 어떤 것이었는지요.

김문근   조선 정부는 당시 오판을 하였던 것이지요. 정부는 처음에는 동학이란 것이 잠시 생겼다가 사라질 것으로 판단하여 크게 신경을 쓰지 않았는데, 백성들에게 점점 확산되는 거예요. 성리학과 반대되는 사상이 널리 유포되는 것은 사회 기반을 뒤흔드는 위험한 일이라 더는 그냥 두고 볼 수 없었어요. 그래서 정부는 하는 수 없이 동학을 창시한 최제우를 잡아들이도록 하였고, 동학이 널리 포교되는 것을 금지시켰습니다.

판사   정부에서는 동학을 금지할 필요까지 있었을까요.

김문순   그것은 당연한 일이었습니다. 동학은 성리학의 근본이라고 할 수 있는 공자와 주자의 가르침을 거부하였습니다. 그리고 사회 질서를 유지하기 위한 적서 차별, 반상 철폐, 남녀 평등 등 상상하기조차 어려운 것들을 주장하였거든요. 이런 그들의 주장은 성리학의 조선 사회를 전면적으로 부정하는 행위이지요. 그들의 달콤한, 전혀 현실성 없는 얘기에 백성들이 미혹되어 사회 혼란을 야기하니 정부로서는 어쩔 수 없었습니다.

이대로 변호사   고맙습니다. 증인 신문을 마치겠습니다.

판사   그럼 이번에는 제가 피고에게 묻겠습니다. 언제 원고를 체포하였나요?

서헌순   아마도 1862년 9월 29일이었던 것으로 기억합니다. 이해 2월 진주민란을 시작으로 전국에서 농민들이 반란을 일으켰습니다.

동학은 순진무구한 백성들을 미혹해 반란을 일으키게 해놓고 본인은 꽁꽁 숨어 있어서 조선 정부에서는 원고 최제우에게 현상금까지 걸었습니다. 무려 1000냥이었습니다.

인내천 변호사 그렇습니다. 그래서 원고는 1862년 9월 28일 경주 감영에 잡혀갔습니다. 윤선달이라고 하는 자가 돈에 눈이 어두워 원고를 고발하였던 것이지요.

판사 경주 감영에서는 원고를 심문하였나요.

서헌순 처음에는 그랬습니다. 경주 영장과 성리학을 하는 선비들이 모여 세상을 농락한다고 최제우를 꾸짖었지요. 그러자 원고는 오히려 당당하게 동학은 보국안민과 제세안민 하는 가르침이라고 답변하였습니다. 그런데 동학을 믿는 자들이 감영 밖에서 농성을 하였습니다. 원고를 내놓으라고요. 경주 영장은 민란이 일어날까 두려워하여 일단 원고를 풀어 주었습니다.

판사 그럼 그때부터 동학을 자유롭게 믿을 수 있었겠네요.

이대로 변호사 그건 아닙니다. 일단 원고를 풀어 주었지만 동학은 여전히 금하였습니다. 그럼에도 동학의 기세는 점점 커져 가기만 하였습니다. 이에 조선 정부는 다시 원고를 잡아들이라는 명을 내리게 되었습니다.

판사 피고는 잘 알고 있겠지요. 그때가 언제인가요?

서헌순 예, 원고를 두 번째로 잡아들인 것은 1863년 12월 10일입니다. 조선 정부는 이해 10월부터 동학에 대한 탄압책을 진지하게 논의하였습니다. 그래서 선전관 정운구를 파견하여 경주 용담정에서 원고를 다시 체포하였지요. 그 외에도 동학을 믿는 자 20여 명도 함께 잡아들였습니다.

판사 　 이번에도 원고를 풀어 주었나요?

인내천 변호사 　 그렇지 않았습니다. 대구 감영에서 최제우는 네 차례의 혹독한 심문을 치러야 했습니다.

이대로 변호사 　 인내천 변호사, 정말 그러깁니까? 내가 답변해야 할 것을 왜 인 변호사가 날름 빼앗아 갑니까? 판사님, 인내천 변호사의 변론을 중지시켜 주십시오.

인내천 변호사 　 존경하는 판사님, 이번 재판은 무엇보다도 공정해야 합니다. 그런데 피고 측은 자신들의 행동을 정당화하고 있습니다. 공정한 재판을 위해서 제가 변론할 수 있도록 허락해 주십시오.

이대로 변호사 　 존경하는 판사님, 재판이 공정해야 하는 것은 저도 잘 알고 있습니다. 그래서 공정한 재판을 위해 피고 측 변론도 충분히 되어야 한다고 생각합니다.

　판사는 잠시 두 변호사의 주장에 난감한 표정을 지었다. 방청객들은 판사가 어떤 대답을 할까 궁금해 하며 모두 판사를 주시하였다. 한참 고민하던 판사가 이윽고 말문을 열었다.

판사 　 음, 이번 재판은 그 어느 때보다도 공정한 재판이 되어야 한다는 점은 우리 모두 공감하는 부분이라고 생각됩니다. 그럼 점에서 볼 때 피해를 당한 원고 측 변호사가 변론하는 것이 더 타당하다고 판단합니다.

인내천 변호사 존경하는 판사님, 감사합니다. 그래서 판사님은 공정의 대변인이라고 정평이 난 것 같습니다.

판사 인내천 변호사, 정말인가요. 흠, 기분이 매우 좋습니다. 변론하시지요.

인내천 변호사 원고의 죄목은 사설을 퍼뜨려 혹세무민하였다는 좌도난정이었습니다. 그중에는 서양을 배척한다고 하면서 그것을 답습하며, 칼춤과 검가를 퍼뜨려 흉악한 노래로 태평한 세상에 무리를 모은다는 것이었습니다. 동학의 참된 가르침에 대해서는 전혀 언급하지 않았습니다. 어쩌면 동학의 참된 진리에 대해서는 알고 싶지도 않았을 것입니다. 동학을 이단, 사학으로 규정하고 엉뚱하고 날조된 죄목만 만들어 추궁하였습니다. 1864년 2월 20일 마지막으로 심문을 받던 날에는 잔인하게 주리를 틀어 원고의 다리가 부러질 정도로 심한 고문을 당하였습니다.

판사 고문을 하였다니요. 오늘날에는 상상도 할 수 없는 일일 텐데요.

이대로 변호사 잠깐! 존경하는 판사님. 이 대목에서는 제가 한 말씀 드려야겠습니다. 당시 조선 정부에서는 죄인을 취조할 때 고문을 하는 것이 정당한 방법이라고 여겼습니다.

인내천 변호사 판사님, 그건 맞습니다. 조선 정부는 죄인들을 다룰 때 고문을 하는 일이 비일비재하였습니다. 심문을 마친 조선 정부는 "동학은 서양의 요사한 가르침을 그대로 옮겨 이름만 바꾼 데 지나

지 않는다. 세상을 헷갈리게 하고 어지럽혔으니 속히 엄벌을 내리지 않으면 나라 법을 세울 수 없다"고 판결하였습니다. 그 결과 원고는 1864년 3월 10일 대구 관덕정에서 처형되었습니다. 그리고 동학을 믿던 제자들은 멀리 귀향을 보내 버렸습니다.

판사 오늘은 충분했다고 생각하는데, 이대로 변호사, 이의 없습니까? 특별히 하고 싶은 말이 있으면 하시지요.

이대로 변호사 없습니다.

판사 그럼 이상으로 둘째 날 재판을 모두 마치도록 하겠습니다.

땅! 땅! 땅!

다알지 기자

안녕하세요. 시청자 여러분께 발 빠른 재판 소식을 전해 드리는 법정 뉴스의 다알지 기자 입니다. 지금 한국사법정에서는 최제우와 서헌 순의 두 번째 재판이 막 끝났습니다. 오늘 재판에서는 동학의 2대 교조인 해월 최시형 피고 서헌순이 나와 동학에서 말하는 사상이 어떤 내용인지, 조선 정부와 유생들은 왜 동학을 배척했는지 등에 관해 자세한 증언을 해 주었습니다. 그럼 오늘 재판에서 어떤 이 야기들이 중점적으로 오고 갔는지 인내천 변호사와 이대로 변호사, 양 측 변호사를 모시고 본격적으로 들어 보겠습니다.

인내천 변호사

　네. 원고 측 변호를 맡은 인내천 변호사입
니다. 아마 오늘 재판을 보신 분들이라면 동학
의 올바른 가르침을 다들 느꼈을 것입니다. 안으
로 혼탁한 사회를 바로잡고, 밖으로는 외세의 침략에
대응하여 민중들이 주인이 되는 세상을 만들려고 하였던 이가 바로 원
고 최제우입니다. 그래서 성인으로까지 추앙을 받고 있는 것입니다.
그런데 원고는 민중들을 위해 이 소송을 다시 제기하였습니다. 이는
그만큼 최제우가 민중의 아픔을 자신의 아픔으로 받아들이고 사랑하
였기 때문입니다. 이런 원고를 혹세무민, 좌도난정이라는 죄목으로 참
수형에 처하였지요. 원고 최제우는 동학이 진정으로 민중을 위한다는
것을 피고에게 직접 설명해 주고 싶었을 따름입니다.

이대로 변호사

그래요. 원고 최제우가 혹세무민, 좌도난정
이 아니라고 합시다. 그렇다고 원고의 죄가 없
어지는 것은 아닙니다. 조선 사회는 성리학을
정통으로 인식하고 있고 그 역사가 오래되었습
니다. 그럼에도 최제우는 동학이라는 것을 만들어 백
성들에게 자신의 가르침을 펴 나갔습니다. 그의 가르침에는 후천개벽
의 혁세사상이라는 것이 있는데, 이는 조선이라는 나라를 부정하고 새
로운 나라를 만들려는 사상입니다. 그렇기 때문에 조선 정부에서는 동
학을 근절시키지 않으면 안 되었습니다. 이 또한 정부에서는 당연히
해야 할 일이기도 했고요. 성리학은 '나라의 근본은 백성'이라는 명제
를 가지고 있습니다. 이에 따라 조선 정부는 500년의 긴 역사 동안 성
리학의 가르침에 따라 백성들을 사랑하고 감싸 안으며 문화를 번성시
켜 왔습니다. 그 모든 것이 바로 백성을 위한 것이라는 생각을 가지고
말이지요. 그런 조선 사회를 근거 없는 사상을 가지고 백성을 현혹해
사회에 반기를 들게 만드는 일은 두 번 다시 일어나서는 안 될 일이라
고 생각합니다.

조선 후기의 전투에서는
어떤 것을 썼을까요?

소포

소포는 근대화된 무기의 형태입니다. '포'는 원래 들고 다니며 사용할 수 없는 총기류를 말하는데, 소포의 경우에는 바퀴가 달린 형태가 제작되어 전쟁이 나면 끌고 다니면서 사용할 수 있었습니다. 또한 목표물에 대해 자유롭게 각도를 조절하여 발사할 수 있던 것이 특징입니다. 총에 비하여 발사물이 크고, 발사 거리도 깁니다. 탄두의 발사 방법은 포구 쪽에 화약과 포탄을 장전한 다음, 포 점화구의 화약에 점화하여 발사하였습니다.

불랑기

'불랑기'는 원래 유럽을 가리키는 한자어인데, 임진왜란 때 명나라 원군이 가져와 전투에 사용한 대포를 가리키는 말입니다. 유럽에서 만들어진 불랑기가 동양에 전래된 것은 16세기 초 유럽 상선이 중국 광둥을 출입하면서부터입니다. 불랑기는 모포와 자포로 구성되는데, 실탄을 장전하여 발사하는 부분이 바로 자포입니다. 또한 포의 크기에 따라 가장 큰 1호로부터 가장 작은 5호까지로 구분합니다. 불랑기는 임진왜란 후 조선에서도 만들어 썼는데, 포를 쏘는 기술을 가르치는 데 네덜란드 사람들이 도움을 주었습니다. 그중 한 명은 박연이라는 이름으로 개명하여 조선 여자와 결혼까지 하였지요.

등패

등패는 방패의 일종으로, 날아오는 화살이나 적의 칼로부터 몸을 보호하기 위한 것입니다. 일반적으로 방패는 나무, 강철, 등나무껍질 등 다양한 재료를 이용하여 만들었습니다. 이 가운데 등패는 등나무껍질로 만든 것으로 착용하기 편하고 움직임이 자유로운 장점이 있습니다. 방패는 보병들에게는 없어서는 안 되는 무기였지요. 대개 오른손에는 칼을 쥐고, 왼손으로는 방패를 잡아 자신의 몸을 방어했습니다

징

징은 북과 더불어 전투 시 아주 유용하게 사용되
었습니다. 크게 소리를 쳐서 군사들에게 전진이
나 정지, 후퇴 등의 명령을 내릴 수 있었기 때문
입니다. 군대의 진법을 운용하는 데 사용하였지
요. 즉 북을 치면 움직이고 징을 치면 정지를 하
는 것과 같이 말입니다. 이 때문에 징과 북은 진
법 운용에 반드시 필요한 장구였습니다.

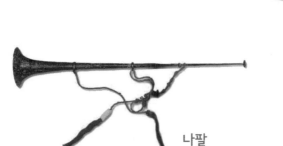

나팔

나팔이라는 용어는 산스크리트어로 입을 크게 벌
린다는 뜻의 'rappa'를 한자로 번역한 것입니다.
우리나라에서는 중국으로부터 나팔이 전래된 고
려 시대 이후 자체적으로 만들어 사용하였지요.
특히 나팔은 농악이나 대취타와 같은 군악 등에
도 이용되며, 전투 시에는 신호용으로 사용되었
습니다. 그래서 전투 시 적이 침입했음을 알리는
등 그 역할을 다했습니다.

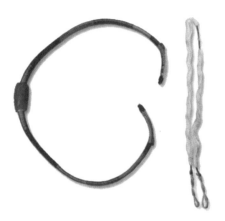

각궁

우리 민족은 고구려 이전부터 활쏘기에 이름이 높았습니다. 그래서 일본인들은 중국의 창술, 조선의 활쏘기, 일본의 조총을 동아시아 삼국을 대표하는 무기로 꼽기도 하였습니다. 특히 이순신의 『난중일기』에 보면 활쏘기를 반복해서 연습한 것을 알 수 있습니다. 조선 시대에는 다양한 활이 쓰였지만, 무관들이 사용하는 활은 '각궁'이었습니다. 각궁은 나무, 힘줄, 쇠뿔 등의 재료를 천연 접착제로 붙인 활로, 특히 짐승의 뿔로 만든 활을 지칭합니다. 만들어진 재료에 따라 흑각궁과 백각궁으로 나누는데, '장궁'으로도 불리는 흑각궁은 흑각이라 부르는 중국산 물소의 뿔로 만들었습니다. 원래는 흑각궁을 주로 사용하였으나, 중국이 물소 뿔의 수출을 금지하여 활의 제작에 어려움이 생기자 우리나라에서 생산된 소나 양의 뿔로 활을 만들게 됩니다. 이것이 백궁, 즉 백각궁입니다.

출처: 동학농민혁명기념관(www.donghak.go.kr)

동학 농민 운동의
의의는 무엇일까?

1. 동학 교도와 농민들은 왜 동학을 믿게 되었을까?
2. 동학 교도와 농민들은 과연 민란을 꿈꾸었을까?
3. 반봉건, 반외세를 외친 동학 교도와 농민들

교과 연계

한국사
V. 근대 국가 수립과 일본 제국주의의 침략
  2. 근대를 향한 두 갈래 길, 동학 농민 운동과
     갑오개혁

1

동학 교도와 농민들은
왜 동학을 믿게 되었을까?

드디어 셋째 날 재판이 시작되었다. 재판 마지막 날이어서 그런지 방청석은 갓 쓴 양반들과 성리학자, 그리고 흰 끈을 머리에 질끈 동여맨 농민들로 가득 들어찼다. 양반이나 유생들은 동학이 이단으로 판결이 나기를 기대하였고, 백성들은 어지러운 세상을 구할 수 있는 새로운 가르침이라는 것을 확인하고 싶어 하였다. 그런 기대감을 끼리끼리 논의를 하느라 시끄러운 장터 같던 재판정은 판사가 입장하면서 자연스레 소음이 잦아들었다.

판사   자, 오늘은 마지막 재판 날입니다. 양측 모두 최선을 다해 끝까지 진실한 변론을 해 주시기 바랍니다. ▶지난번 재판에서, 조선 정부는 동학을 철저하게 금지하였지만 영남 지역을 비롯하여 전국적으로 확산되었다고 하였습니다. 만약 정부가 말하였던 것처럼 동학이 혹세무민하였다면 역사에서 사라졌어야 하였는데 그렇지 않았습니다. 그것은 그만큼 농민들에게 희망을 주었기 때문이 아닌가 판단됩니다. 인내천 변호사, 그렇다면 농민들은 동학을 좋은 가르침으로 받아들였다는 것인가요?

인내천 변호사　　그렇습니다. 동학은 농민들에게 희망의 메시지였습니다. 그렇기 때문에 나라에서 금한다고 하는데도 동학을 믿은 것이 아닐까요. 이를 입증하기 위해 증인을 신청하고자 합니다.

판사　　아니, 증인을 찾기 쉽지 않았을 것 같은데요.

인내천 변호사　　예, 그렇습니다. 쉽지 않았습니다. 조선 정부는 동학을 금지시키고 탄압하였기 때문에 증인을 구하기는 어려웠습니다. 그런데 동학이 창시된 것은 역사적으로 매우 중요한 일이었다며 자진하여 증인으로 나선 분이 있습니다.

판사　　그 증인은 어떤 분이신가요?

인내천 변호사　　3 · 1운동 민족 대표로 잘 알려진 의암 손병희입니다.

　　판사는 서류를 뒤적거리다가 일순 눈길을 멈추고 사진을 뚫어지게 쳐다보았다.

판사　　손병희라, 음. 아주 대장부처럼 생기셨군요. 동학과는 어떤 관계인지요.

인내천 변호사　　손병희는 해월 최시형에 이어 동학을 이끌었던 인

삼재팔난
삼재와 팔난이라는 뜻으로, 모든 재앙과 곤란을 이르는 말입니다.

물입니다. 동학 농민 운동에도 참가한 바 있고, 동학을 오늘날의 천도교로 이름을 바꾸었지요. 동학은 최제우가 창시하여 해월 최시형을 거쳐 의암 손병희로 계승되었습니다. 그리고 일제강점기에는 최대의 민족운동인 3·1운동의 대표로서 독립선언서에 서명하였습니다.

판사 증인은 나와서 증인 선서를 해 주시기 바랍니다.

손병희 나는 진실만을 말할 것을 선서합니다!

인내천 변호사 나와 주셔서 감사합니다. 그럼 시작하겠습니다. 증인은 언제 동학에 입도하였습니까?

손병희 나는 1882년 10월 5일에 동학에 입도하였습니다.

인내천 변호사 동학에 입도할 뜻을 가지게 된 계기가 있었나요?

손병희 당시 내가 살고 있는 마을에는 동학을 하는 사람들이 많았습니다. 그래서 호기심도 있었고, 별로 낯설지도 않았지요. 어느 날 조카 손천민이 내게 동학을 믿으라고 권하더군요. 조카에게 "동학을 믿으면 무엇이 좋은가?" 하고 물었습니다. 그랬더니 조카가 이렇게 말하는 것이 아닙니까? "동학을 하면 삼재팔난을 면할 수 있다"고요. 그래서 나는 조카에게 이렇게 말하였습니다. "흥! 삼재팔난을 면하려고 동학을 믿어.

탑골공원에 있는 손병희의 동상.

나는 그 잘난 양반 놈들이 꼴 보기 싫어서라도 어서 삼재
팔난이 왔으면 좋겠네!"

광제창생
널리 백성을 구한다는 뜻입니다

인내천 변호사   조카가 무척 무안해 하였겠군요. 동학을
믿으면 삼재팔난을 면할 수 있다고 하였는데 왜 입도하지 않았나요?

손병희   나는 평소 차별, 양반과 상놈이 차별받는 사회가 불합리하
다고 생각하였습니다. 더욱이 서자로 태어난 나는 아버지를 아버지
로 부르지 않기로 작정한 적도 있었지요. 이런 불합리한 사회는 확
뒤집어져야 하는데, 나만 삼재팔난을 면하면 뭣하겠습니까. 그래서
동학에 입도하지 않은 것입니다.

인내천 변호사   그런 사정이 있었군요. 그런데 어떻게 동학에 입도
하게 되었나요?

손병희   그리고 한참 지난 후, 같은 동네에 사는 서우순이 저에게
동학을 믿을 것을 조심스럽게 권하면서 동학에 대해 차근차근 설명
해 주었습니다. 첫째는 사람 섬기기를 한울같이 하고, 둘째는 양반
과 상놈의 차별이 없고, 셋째는 적자와 서자의 차별이 없다고 하였
습니다. 그 말에 솔깃해졌습니다. 서우순은 동학의 목적은 포덕천하,
보국안민, **광제창생**, 지상 천국을 건설하는 것이라고 하였습니다. 그
리고 동학은 바로 누구나가 평등한 사회를 만드는 것이라고도 하였
지요. 특히 평등한 세상을 만든다는 데 정신이 번쩍 들었습니다.

인내천 변호사   충격을 받았던 모양이네요.

손병희   그렇습니다. 나에게는 충격적인 말이었습니다. 내가 늘 꿈
꾸던 바로 그런 말이었으니까요. 사내대장부로서 동학은 한번 믿어

볼 만하다는 판단이 들었습니다. 그래서 만민평등을 꿈꾸는 사회를 만들기 위해 바로 동학에 입도하였습니다.

인내천 변호사 그런 깊은 뜻을 가지고 동학에 입도하였군요. 증인, 한 가지 더 묻겠습니다. 백범 김구 선생도 동학 교도였다는 데 사실인가요?

판사 김구 하면 일제강점기 대한민국 임시정부의 주석으로 활동하셨던 분 말인가요?

손병희 그렇습니다. 독립을 위해 애썼던 김구도 우리 교도였습니다.

판사　　그렇습니까? 김구 선생이 동학 교도였다고요? 금시초문입니다.

인내천 변호사　　증인, 김구 선생은 언제, 어떻게 동학에 입도하였는지 아시는 대로 말씀해 주세요.

손병희　　김구가 열여덟 살 때이니 아마 1893년 동학에 입도한 것으로 알고 있습니다. 김구는 가난한 농민으로 태어나 늘 차별받으며 성장했다고 했어요. 열여덟 살이 되던 해에 그가 사는 황해도 해주에도 동학이 크게 성행하였는데, 평소 동학에 호기심을 갖고 있던 김구는 동학 교도 오응선을 찾아갔답니다. 그런데 통천관을 쓴 청년이 나오기에 인사를 하였더니, 그 청년도 공손하게 맞절을 하더랍니다. 김구가 황공하여 "제가 비록 어른이 되었어도 당신께 공대를 받지 못할 텐데, 하물며 아이인데 어찌 공대를 듣겠소"라고 하였더니, 그 청년이 "천만의 말씀이오. 다른 사람과 달리 나는 동학 교도이기 때문에 선생의 교훈을 받아 빈부귀천에 차별이 없습니다. 조금도 미안해 하실 필요가 없습니다"라고 하는 말에 감동을 받아 입도하게 되었다고 들었습니다.

인내천 변호사　　김구 선생도 동학 사상에 매혹된 거로군요.

이대로 변호사　　판사님, 이의 있습니다. 지금 원고 측에서는 김구 선생이 신뢰를 주는 유명인이라는 이유로 기억나지 않은 증인에게 증언을 강요하고 있습니다. 이 증언은 제외시켜 주시길 바랍니다.

판사　　이대로 변호사 말이 일리는 있으나 증인은 동학의 3대 교조로서 증언의 신빙성이 떨어진다고 판단되지 않습니다. 그리고 개인적으로 김구 선생과 관련된 부분은 조금 더 듣고 싶습니다. 인내천 변호사, 계속하시지요.

인내천 변호사　알겠습니다. 그럼 김구 선생은 동학에 입도한 후 어떠한 일을 하셨나요. 기억나는 대로 말씀해 주세요.

손병희　김구는 그의 아버지를 비롯하여 수백 명을 포교하였습니다. 그리고 1894년 동학 농민 운동이 일어나자 팔봉 접주가 되어 해주성 점령 때 선봉장으로 활동한 것으로 알고 있습니다. 그 이후에도 김구는 동학의 가르침을 몸소 실천하는 훌륭한 독립운동가, 정치가로 활동하였습니다.

판사　김구 선생이 동학 농민 운동 때도 선봉장으로 활동하셨다고요. 아마도 그러셨으리라 믿어집니다.

　손병희의 김구 선생에 대한 이야기에 방청석은 소란스러워지기 시작했다.

　"김구 선생이 동학 교도였다는 소리 자넨 들어 본 적 있나?"

　"처음 들어 보네. 선생님께서 나라를 생각하시는 마음이 동학에서 비롯된 거였군."

　"동학 농민 운동에 뛰어든 분이니 자연 독립운동을 하셨을 터고, 일본 놈들에게 쫓겨 중국으로 건너가신 뒤에는 그곳에서 그 많은 활동을 하신 것 아니겠나."

　"왜놈들에 의해 국모가 시해되자 그 울분을 참지 못해 칼 차고 다니는 왜인 놈을 살해하였다가 감옥에 수감된 적도 있다고 들었네만."

"그림이 그려지네, 그려져."

판사 자, 다들 조용히 해 주세요! 재판이 늘어지고 있는 것 같네요.

인내천 변호사 증인, 한 가지만 더 묻겠습니다. 19세기 후반 동학의 교세가 크게 확산된 시기인데, 그런 만큼 조선 정부의 탄압도 커져서 목숨이나 집안이 위험하였을 때입니다. 그 당시 동학에 입도한다는 것은 쉬운 결정이 아니었을 것 같은데 입도 교도들이 늘어나는 이유는 무엇이었을까요?

손병희 그렇습니다. 당시 동학에 입도한다는 것은 목숨을 내놓는 일이라고 할 수 있었습니다. 그런데도 동학에 입도하게 되는 가장 큰 동기는 그 당시 조선이 더는 살 만한 세상이 아니라는 데 공감하고 울분이 쌓여 우리 사는 사회와 국가를 변혁하여 새로운 세상으로 만들어야겠다는 염원 때문이지 않았을까 생각합니다. 당시 동학에 입도한 사람들은 모두 빈부, 반상, 귀천, 적서 등의 차별 철폐를 무엇보다도 희망하였습니다. 그래서 차별 없는 세상을 만들고자 하였던 것이지요.

인내천 변호사 증인, 장시간 말씀 감사합니다. 존경하는 판사님, 이상으로 증인 신문을 마치겠습니다.

판사 증인은 들어가셔도 됩니다.

인내천 변호사 동학은 조선 정부가 말하는 것처럼 혹세무민하지 않았습니다. 동학에 입도한다는 것은 자신의 목숨도 바치겠다는 그런 의미라고 할 수 있습니다. 언제 조선 정부에 붙잡혀 형장의 이슬로 사라질지 모르는 일이었으니까요. 그러나 농민들은 인간다운 대접을 받는 사회를 만들기 위해 동학에 입도하였던 것입니다. 동학의 가르침은 희망을 주는 사상이었던 것입니다. 이상입니다.

왜 동학 농민 운동이 일어났을까?

2

동학 교도와 농민들은
과연 민란을 꿈꾸었을까?

판사　이번에는 피고 측 이대로 변호사가 발언하실까요?

이대로 변호사　네. 존경하는 판사님, 원고 측은 지금까지 훌륭한 사상을 펼쳐 도탄에 빠진 백성을 위로해 주었을 뿐인데 그런 대단한 자를 무조건 죽음으로 몰았다며 피고를 매우 무책임하고 무능한 정부 관리로 비난하였습니다. 하지만 이 자리에 계신 배심원과 방청객 여러분 모두 알고 있을 것입니다. 조선 정부가 나라와 백성을 위해 얼마나 많은 노력을 해 왔는지를 말입니다. 나라의 정책을 수행해야 하는 피고는 결코 원고로부터 비난을 받아야 할 이유가 아닙니다. 저는 이제부터 이 점을 명확하게 입증할 것이고, 원고의 주장이 터무니없다는 것을 밝히도록 하겠습니다.

판사　정부가 백성을 위하는 것은 당연한 것이 아닌가요. 특별히 주목해서 입증할 만한 것이 있나요?

이대로 변호사   존경하는 판사님, 배심원, 그리고 방청객 여러분! 피고석에 앉아 있는 서헌순은 조선 정부를 대신하고 있습니다. 모두 아시다시피 조선은 1392년 이성계에 의해 건국되어 500년을 이끌어 왔습니다. 이 조선을 유지할 수 있었던 것은 통치 이념인 성리학의 덕분이었습니다. 성리학은 민유방본이라고 하여 나라의 근본은 백성이라는 기본적인 인식을 가지고 있습니다. 그렇기 때문에 백성을 위하는 정치를 할 수밖에 없는 것입니다. 다만 사소한 문제들이 없지는 않았습니다. 나라 재정이 어려워서 세금을 조금 더 걷는다던가 하는 것이지요. 그런데 이를 집행하는 관리들이 문제가 많았던 것입니다. 이를 바로잡기 위해 **삼정이정청**(三政釐整廳)을 설립하여 개선하려고도 시도하였습니다.

인내천 변호사   판사님, 이대로 변호사의 주장은 어디까지나 이 변호사의 개인적인 의견이라고 할 수 있습니다.

이대로 변호사   결코 그렇지 않습니다. 이렇게 원고 측에서 딴죽을 걸고 나올 것 같아 미리 증인을 신청해 두었습니다.

한참 동안 서류를 뒤적이던 판사는 겨우 관련 서류를 찾아 들었다.

판사   어디 봅시다. 피고 측에서 증인으로 철종을 신청하였군요.

인내천 변호사   판사님, 이의 있습니다. 철종은 조선의 국왕입니다.

삼정이정청
조선 철종 13년(1862) 5월에 삼정의 문란으로 민란이 일어나자 이를 바로잡기 위하여 설치한 임시 관아로, 성과를 거두지 못하고 그해 8월에 없앴습니다.

공정한 증언을 해 줄 증인이라고 할 수 없습니다.

이대로 변호사   인내천 변호사가 제대로 모르는 것이 많군요. 철종은 강화 도령으로 갑자기 왕위를 물려받았고 매우 불우한 삶을 살았던 분입니다. 그렇기 때문에 빈민구제책이나 이재민 구휼에 남다른 노력을 보였습니다. 더욱이 세도 정치의 희생자라고 할 수 있는 비극적인 왕이기도 하지요. 증인은 자신의 잘못으로 조선 사회가 부패하였다는 자괴심 때문에 증인으로 나오는 것을 한사코 거부하였습니다. 그렇지만 잘못된 역사를 바로잡고 진실만큼은 제대로 알려야 한다고 제가 설득하여 이 자리에 나오게 되었습니다. 더는 역사의 희생자로만 기록되어서는 안 된다고 생각합니다.

판사   좋습니다. 증인 신문을 허락합니다. 증인 철종은 나와서 증인 선서를 해 주시기 바랍니다.

인내천 변호사   수용하겠습니다. 대신 이대로 변호사의 증인 신문이 끝나면 저에게도 반대 신문을 할 수 있는 기회를 주시기 바랍니다.

판사   잘 알았습니다.

철종   나는 진실만을 말할 것을 선서합니다!

이대로 변호사   증인은 헌종에 이어 왕위를 물려받은 조선의 국왕입니다. 어렸을 적 강화도에서 고생을 많이 하였기 때문에 백성들의 어려운 삶을 어느 국왕보다도 제대로 경험하였으리라 봅니다. 그래서 국왕이 된 후 백성들을 위해 많은 구제책을 실행하였다는데, 사실입니까?

철종   그렇습니다. 나는 어릴 적 강화도에 살면서 백성들과 함께

조선의 제25대 국왕 철종.

어울려 살았습니다. 그래서 누구보다 백성들의 고충을 잘 알고 있습니다. 어느 날 갑자기 왕이 되었지만 백성들의 고단한 삶을 한시도 잊지 않았습니다. 나중에 알았지만 내가 왕이 된 것은 세도 정치의 실권자인 안동 김씨에 의한 것이었습니다. 처음 2, 3년간은 직접 왕 노릇을 할 수 없었지만 1852년부터 친정을 하였지요. 1853년 봄에는 관서 지방의 기근 대책으로 선혜청에서 전 5만 냥과 사역원에서 삼포세 6만 냥을 민간에게 대여해 주도록 하였습니다. 또 그해 여름에 가뭄이 심하자 재물과 곡식이 없어 구휼을 하지 못하는 실정을 안타깝게 여기고 재물의 절약을 명하고 이를 어긴 탐관오리의 징벌을 명한 바 있습니다.

이대로 변호사　증인은 역시 백성을 사랑하셨군요. 그 밖에 백성을 위해 한 일은 또 없나요?

철종　왜 없겠습니까? 1856년 봄에는 화재를 입은 1000여 호의 민가에 은전과 약재를 내려 구휼하였으며, 함흥에서 큰 화재가 났을 때도 화재민들을 위해 별도로 3000냥을 긴급 구호토록 하였습니다. 그리고 그해 7월에는 영남의 수재지역에 내탕금 2000냥, 단목 2000근, 호초 200근을 내려 구제하도록 한 바 있습니다. 이처럼 백성들의 어려움을 내 몸과 같이 여겼다고 자부합니다. 또 전국에서 민란이 일어났을 때는 삼정이정청을 설치하여 민란의 원인이었던 삼정 구폐(救弊)를 위한 정책을 시행하

구폐
오래전부터 내려오는 폐단을 말합니다.

게 하는 한편 모든 관리에게 그 방책을 강구하여 올리게끔 하는 등 민란 수습을 위해 최선을 다하였습니다.

이대로 변호사 판사님, 증인의 백성에 대한 활동이 잘 알려지지 않았던 것은 사실입니다. 오늘의 증언을 통해 그동안 철종에 대한 부정적인 인식을 조금이나마 바꿀 수 있었으면 합니다. 국왕으로서 백성을 위해 일하고자 하였지만 세도 정치 때문에 뜻을 이루지 못하였던 것입니다. 이상으로 증인 신문을 마치겠습니다.

판사 그럼 원고 측 변호사 반대 신문 하세요.

인내천 변호사 알았습니다. 증인에게 한 가지 질문을 하겠습니다. 증인은 백성을 위해 구휼 정책을 하였다는 것을 저는 오늘 처음으로 알았습니다. 그 점에 대해서는 감사하게 생각합니다. 그렇지만 역사적으로 볼 때 증인이 국왕으로 있던 시기를 민란의 시대라고 합니다. 민란이 많이 일어났다는 것은 그만큼 사회가 어지러웠다는 말인데요, 그에 대한 변명이라도 있는지요.

철종 다, 나의 부덕의 소치라고 봅니다. 지금 쥐구멍이라도 있으면 들어가고 싶은 심정이에요. 그렇지만 변명은 해야 하겠지요. 앞에서 말씀드렸듯이 나는 세도 권력에 의해 왕이 되었습니다. 절치부심하면서 친정 체제를 갖추었지만 모든 것이 내 뜻대로 되지는 않았습니다. 당시는 안동 김씨의 세도 정치가 절정에 달하였던 상태였

고, 그들은 자신들에게 도전할 만한 정치 세력의 성장은 원천적으로 봉쇄해 버렸습니다. 흥선 대원군의 형 이하선의 죽음이 바로 그 전형이라고 할 수 있지요. 사정이 이에 이르자 나는 궁중 안에 이미 세도가의 첩자들이 퍼져 있을 것으로 믿었고, 자칫하면 내 자신의 목숨도 부지할 수 없는 지경에 이르렀습니다. 그래서 더는 안동 김씨 세력에 대항할 힘을 잃고 술과 궁녀를 가까이하며 세월을 지내게 되었습니다.

인내천 변호사　증인, 그것은 국왕으로서의 직무 유기에 해당합니다. 당시 세도가의 추대로 왕이 된 증인의 입장에서 목숨의 위협은 이해할 수도 있는 부분이긴 하지만, 증인이 술과 궁녀를 가까이하는 동안 백성들의 눈에서는 피눈물이 흘러나오고 있었다는 것을 알아야 합니다.

철종 더는 드릴 말씀이 없군요. 이대로 변호사가 말한 바와 같이 어쩌면 나도 거대한 세도 정치의 희생자인지도 모르겠습니다. 그저 암담할 따름입니다.

인내천 변호사 이상으로 증인에 대한 반대 신문을 마치도록 하겠습니다.

판사 증인 철종은 자신의 과오에 대해 뼈저리게 반성하는 게 느껴지는군요. 반면 증인의 입장도 충분히 이해가 됩니다. 증인, 오늘 수고하셨습니다. 자리로 돌아가셔도 좋습니다.

철종은 힘없이 증인석에서 일어나 자리로 돌아갔다. 방청석에서는 비록 임금이었지만 세도 정치 때문에 힘 한 번 제대로 쓰지 못한 철종을 위로하는 듯한 분위기였다. 그렇지만 일부 방청객 중에는 철종에 대한 좋지 않은 감정을 그대로 드러내는 모습도 없지 않았다.

인내천 변호사 존경하는 판사님, 앞에서도 말씀드렸듯이 증인으로 나온 철종이 국왕으로 있던 시기를 흔히 민란의 시기라고 합니다. 당시 백성들이 과연 조선 정부를 신뢰하고 희망을 가졌는지를 입증하기 위해 증인 신청을 하고자 합니다.

판사 누구입니까? 어, 증인은 첫날 증인으로 나왔던 삼돌이군요.

인내천 변호사 증인, 첫날 재판에서도 증언을 하였습니다만, 당시 정부에 대한 신뢰감이 어떠하였는지요. 과연 국왕을 믿고 따를 만하였는지요…….

삼돌이 나도 오늘 철종 임금이 백성을 위해 그런 일을 하셨다는 것을 처음으로 알았습니다. 그러나 전혀 이해가 되지 않는 것은 아닙니다. 설혹 임금이 그런 명을 내린다 해도 실행 관청에서 보고만 해놓고 하지 않는다면 그 어찌 알겠습니까, 안 그렇습니까?

이대로 변호사 이의 있습니다. 판사님. 지금 증인은 전혀 근거 없는 자기 생각으로 조선 정부를 모함하고 있습니다.

판사 인정합니다. 설혹 증인의 말이 타당성이 있다 하더라도 재판정은 추측이 아니라 진실만을 말해야 합니다. 증인은 주의해서 말씀하시기 바랍니다.

삼돌이 예, 조심하겠습니다. 당시 철종 임금은 백성들 사이에서 무능하고 정사에는 관심이 전혀 없는 것으로 알려졌습니다. 그래서 그런지 철종이 승하하셨을 때는 마음속으로 잘 죽었다고 생각하는 사람들도 없지 않았을 것입니다. 그만큼 백성들이 살기 힘들었다는 반증이 아니겠습니까? 국왕의 죽음을 좋아할 정도라면…….

인내천 변호사 그렇겠네요. 제가 알기로는 19세기 조선 왕조의 지배체제는 대외적 위기가 가중되는 속에서도 내부적으로는 여러 측면에서 문제점이 많았습니다. 우선 500여 년간 통치 이데올로기로 기능하였던 성리학이 경직화되었습니다. 여기에 더하여 왕권과 신권의 균형이 무너지면서 기형적으로 신권이 비대해진 세도 정치가

출현하였습니다. 60년간의 세도 정치로 인한 파행적인 국정 운영은 결국 만성적인 국가 재정의 위기를 가져왔습니다. 정부는 부족한 재정을 확보하기 위해 백성들에게 각종 잡세가 부과되었고, 환곡은 고리대로 변하였습니다. 이에 따라 백성에 대한 수탈은 더욱 강화되었고, 백성들은 자신들의 생존을 위해 수탈에 대한 투쟁을 하기 시작하였습니다. 증인, 농민들은 어떤 방식으로 투쟁을 하였습니까?

삼돌이 농민들의 저항 형태는 다양하였지요. 농민들은 지주를 상대로 지대의 지불을 조직적으로 체납하거나 거부하였습니다(항조투쟁). 또 농민들을 억압하고 수탈하는 관리나 지주에 대한 나쁜 소문을 퍼뜨림으로써 배척하고자 하였고(와언투쟁), 밤에 횃불을 들고 산에 올라가 부정 수탈에 항의하는 내용을 외치기도(거화투쟁) 하였습니다. 이 밖에도 집회를 통해 고을 행정의 부당성과 관리들의 부정이나 비리를 성토하는 한편 해당 고을 또는 상급 관청인 감영에 소송을 하는 정소운동(呈訴運動) 등을 전개하였습니다. 그러나 그것조차도 어려울 때는 몰래 마을을 버리고 떠나버리는 경우도 많았습니다. 심지어는 하룻밤 사이에 마을 전체가 사라져 버리는 경우도 있었습니다.

인내천 변호사 그럴 정도로 살기가 어려웠다는 것이겠지요. 농민들의 투쟁은 거기서만 끝났습니까?

삼돌이 아닙니다. 앞에서 말씀드린 그런 크고 작은 투쟁에도 정부는 근본적인 대책을 마련하지 못하였습니다. 왜냐하면 정부에서 파견한 관리들이 대부분 도적과 같은 탐관오리였기 때문이지요. 매관

매직으로 관직을 돈으로 샀으니 투자한 만큼, 그보다 더 많은 투자액을 뽑아내야 했던 것이지요.

인내천 변호사 　증인은 혹 벼슬을 사고 싶다는 마음이 든 적 없었습니까?

삼돌이 　에이, 무슨 말씀을……. 돈만 있다면야 무언들 못하겠습니까? 차제에 왕도 살 수 있으면 왕 자리를 사 세상을 확 바꿔 버릴 수도 있을 텐데 말입니다. 이 썩어 빠지고 희망 없는 세상을 말이지요. 아, 생각만 해도 기분이 좋습니다.

이대로 변호사　증인, 말조심하세요. 왕을 산다는 것은 반역죄에 해당할 수도 있습니다. 무례하군요.

삼돌이　희망 사항이었습니다. 희망 사항! 용서해 주십시오.

삼돌이는 얼른 두 손을 합장하며 공손하게 인사를 했다.

방청석 한쪽에서 우레와 같은 환호가 일어났다. 하지만 갓 쓴 선비들은 심히 못마땅한 표정을 지었다.

판사　자, 조용히 해 주세요!

인내천 변호사　존경하는 판사님, 이것이 현실 인식이 아닌가 합니다. 그냥 공상에 불과한 말이지만 농민들은 세상이 바뀌기를 간절히 원한다는 그런 표현이 아니겠습니까? 증인, 이야기가 잠시 방향을 잃었습니다. 조금 전에 했던 질문입니다만 농민들의 저항이 받아들여지지 않을 경우 다음 행동은 무엇입니까?

삼돌이　그다음에…… 우리들이 한 것은 반란이었습니다. 바로 민란을 일으키는 것이지요. 농민들의 힘을 보여 주는 것입니다. 그것은 차별이 없는 세상, 농민들도 대접받고 사는, 평등한 그런 세상을 만들기 위해서입니다. 또한 자식들에게 그런 세상을 물려주고 싶은 간절한 마음을 담은 단체 행동이라고 할 수 있습니다.

인내천 변호사　판사님, 들어 보셨습니까? 많은 농민이 민란을 꿈꾸고 있었습니다. 동학이 탄생한 2년 후인 1862년은 한 해 동안 37개 지역에서 민란이 일어났습니다. 이를 임술민란이라고 합니다. 증인,

다른 하고 싶은 말은 없습니까?

삼돌이 우리 같은 농민들이 희망을 가지고 살 수 있는 세상이 하루빨리 왔으면 합니다. 필요하다면 혁명을 해서라도 그런 세상을 만들고 싶습니다.

인내천 변호사 증인의 간절한 바람이 이루어지기를 기원합니다. 이상으로 증인 신문을 마치도록 하겠습니다.

판사 증인, 수고하셨습니다. 자리로 돌아가셔도 좋습니다.

삼돌이는 환한 얼굴로 증인석을 나섰다. 방청객 중에서 머리띠를 두른 농민들이 일제히 박수로 화답하였다.

반봉건, 반외세를 외친 동학 교도와 농민들

판사　자, 이제 시간이 꽤 되었네요. 이제 동학 농민 운동은 왜 일어났는지, 그 의의는 무엇인지에 대해 얘기 나누고 오늘의 재판을 마칠까 합니다. 양측 변호사, 이에 대해 할 말이 있으면 누구든 먼저 시작하시기 바랍니다.

인내천 변호사　판사님, 동학 농민 운동 하면 빠질 수 없는 증인 한 분을 마지막으로 모실까 합니다. 시간이 다소 지체되었지만 허락해 주시기 바랍니다.

판사　아니, 아직도 증인이 있단 말입니까? 이번에 나올 증인은 누구입니까?

인내천 변호사　▶다름 아닌 동학 농민 운동의 최고지도자로 활약했던 전봉준 장군입니다.

교과서에는

▶'새야 새야 파랑새야 녹두밭에 앉지 마라. 녹두꽃이 떨어지면 청포 장수 울고 간다'는 민요에서 녹두는 전봉준을 가리킵니다. 농민 운동을 일으켰지만 체포되어 처형된 전봉준을 마음 아파하며 부른 노래라고 전해지지요.

관군에게 체포되어 한성부로 압송되는 전봉준의 모습.

판사　그럼 녹두장군으로 알려진 바로 그분이란 말인가요?

인내천 변호사　그렇습니다.

이대로 변호사　판사님, 시간도 훨씬 지났고 예정에 없던 것입니다. 본 재판을 빨리 정리하시고 끝내 주시기 바랍니다.

인내천 변호사　판사님, 갑작스러운 일이긴 하지만 동학을 올바르게 이해하기 위해서는 증인 전봉준이 반드시 필요합니다.

방청석에서도 웅성거리기 시작하였다. 이제 재판이 끝날 것으로 생각하고 있었는데, 새로운 증인이 전봉준 장군이라는 말을 듣자 환호성을 지르는 방청객도 있었다. 대체로 전봉준에 대해서는 호기심을 드러내었다. 증인을 받아들이라는 소리도 들렸다. 방청객은 잠시 혼란스러웠지만 이내 잠잠해졌다. 다들 증인으로 나올 전봉준을 기다리는 눈치였다.

판사　자, 방청석에서는 조용히 해 주십시오. 그리고 이대로 변호사의 의견도 일리가 있지만 전봉준은 중요한 증인으로 인정합니다. 증인은 나와서 선서를 해 주시기 바랍니다.

전봉준　나는 진실만을 말할 것을 선서합니다!

인내천 변호사　　증인은 동학 교도들을 이끌고 전라도 고부에서 혁명을 일으켰습니다. 그 이유가 무엇인지요.

전봉준　　▶고부 군수 조병갑과 전운사 조필영의 **탐학**과 동학 교도에 대한 탄압 때문이었소.

인내천 변호사　　그렇다면 조병갑의 탐학이 어느 정도였는지 구체적으로 밝혀 주시기 바랍니다.

전봉준　　그들의 탐학은 이루 말로 다 하지 못할 정도로 심했소. 오죽하면 그들을 없애려고 난을 일으켰겠소. 아무튼 말해 보리다. 먼저 고부의 동진강 상류에 **만석보**를 새로 만들면서 농민들에게 세금을 징수하지 않겠다고 약속해 놓고 정작 추수기에는 700여 석의 세금을 착복하였지요. 또 **진황지**를 개간하면 일정 기간 면세해 주겠다고 약속해 놓고 개간 후에는 추수기에 지세를 부과하였소. 그리고 부민들에게는 불효, 음행 등 죄목을 씌워 2만여 냥을 강제로 빼앗아 갔습니다. 그뿐입니까. 대동미를 징수할 때 1결당 정미 16두를 징수한 다음 이를 정부에 납부할 때는 값싼 하등미로 바꾸어 그 차액을 착복하였소이다. 이외에도 조병갑의 수탈과 횡포에 대한 내용은 기록할 수 없을 정도로 많습니다. 또한 전운사 조필영은 세미의 이중징수 및 운송비용, 운송선박 수리비 등 각종 명목으로 부당하게 농민들을 수탈하였지요. 게다가 그들은 일반 농민보다 동학 교도를 더 탐학의 대상으로 삼았소. 우리들은 모이면 늘 조병갑의 포학에 치를 떨고 분통을 터뜨리곤 하였지요.

탐학
탐욕이 많고 포학한 것을 말합니다.

만석보
1892년 고부 군수 조병갑이 농민들을 강제로 동원해 쌓은 보입니다.

진황지
버려 두어서 거칠어진 땅을 말합니다.

교과서에는

▶ 조병갑은 두 번이나 고부 군수가 된 사람입니다. 예부터 사용하던 저수지인 만석보를 그대로 둔 채 농민들에게 일을 시켜 새로운 저수지를 만들게 하고 물값을 받았습니다. 이렇게 많은 횡포를 부려 농민들의 원성을 사게 됩니다.

인내천 변호사   왜 일반 농민과 동학 교도를 차별 두었나요?

전봉준   나라에서 금하는 것을 믿는다는 것이지요. 여차하면 잡아 갈 수 있다는 위협도 마다하지 않는 작자들이었소.

인내천 변호사   그렇군요. 그러면 혁명을 일으킨 후의 상황에 대하여 간략하게 말씀해 주시기 바랍니다.

전봉준   그들의 횡포를 더는 견딜 수 없었던 동학 교도들은 처음에는 1893년 12월에 기포를 하기 위해 사발통문을 돌렸습니다. 그런데 목표 인물인 조병갑이 갑자기 익산 군수로 발령이 나자 일단 연기하기로 하였지요. 그런데 조병갑이 이듬해 1월 9일 다시 고부 군수로 발령이 났어요. 이에 따라 그동안 준비하였던 기포를 1월

10일 새벽을 기해 전개하였습니다. ▶고부 관아를 점령하고 우리는 이어 백산으로 이동하였습니다.

인내천 변호사 정부에서는 어떻게 대처하였나요?

전봉준 고부 기포가 일어나자 정부에서는 박원명을 고부 군수로, 이용태를 안핵사로 파견하였습니다. 그런데 이용태가 동학 교도가 주모자라고 단정하여 마구 잡아가는가 하면 이를 빌미로 재산을 마구 약탈하였습니다.

인내천 변호사 그렇다면 동학 교도들이 그냥 있지는 않았을 것으로 봅니다.

전봉준 그렇습니다. 동학 교도들은 후일을 도모하기 위해 일단 해산하기로 하였지요. 이어 무장에서 다시 기포하였습니다. 호남 지역 동학 교도들 대부분이 참여하였고, 백산에서 혁명군으로서 대오를 갖추었습니다. 정읍 황토현에서 동학 농민군과 관군과의 첫 전투에서 동학 농민군이 승리하였지요. 이후 장성 황룡촌 전투에서 승리하고 전주성을 점령하기도 하였습니다.

인내천 변호사 조선 정부는 크게 당황하였겠군요. 그 후 어떻게 되었나요.

전봉준 동학 농민군이 전주성을 점령하자 정부에서는 청나라에 원병을 요청하였지요. 청군이 들어오자 일본군도 함께 출병하였소. 이에 동학 농민군은 외국 군대가 우리나라에 들어오는 것을 막고자 정부에 화약을 요청하였고 결국 전주 화약을 맺게 되었지요.

교과서에는

▶ 전봉준은 고부 관아를 공격하여 곡식 창고를 풀어 농민에게 나누어 주었습니다. 또한 억울하게 감옥에 갇힌 사람들을 풀어 주었지요.

인내천 변호사   그럼 혁명은 그것으로 끝난 것이 아닙니까?

전봉준   아닙니다. 조선 정부는 동학 농민군이 전주에서 철수하자 외국 군대가 제 나라로 돌아가 줄 것을 요청하였습니다. 그런데 일본군이 거절하고 오히려 청나라 군대와 전쟁을 벌였습니다. 일본은 조선을 넘볼 기회를 찾고 있다가 동학 농민 운동이 일어나자 이를 기화로 조선에 들어온 것이므로 그냥 돌아가려고 하지 않았던 것이지요. 게다가 이 전쟁에서 일본군이 이겼어요. 일본군은 경복궁을 점령하고 내정을 간섭하자 동학 농민군은 일본군을 몰아내기 위해 다시 일어났던 것입니다.

인내천 변호사   아, 동학 농민 운동 2차 기포라는 것이 바로 그 때문이었군요.

전봉준   그렇소. 동학 농민군은 반외세, 반침략을 내세우면서 호남과 호서 등 전국 각지에서 이 혁명 대열에 참여하였습니다. 멀리 강원도와 황해도에서도 동학 교도들이 참여하였지요. 호남 지역과 호서 및 경기, 강원 지역의 동학 농민군은 논산에서 합류하여 공주성을 점령하려고 목숨을 다해 싸웠지만 일본군과 관군의 연합군의 신무기 앞에 끝내 패하고 말았습니다.

인내천 변호사   당시 동학 농민군이 내세웠던 명분은 무엇이었습니까?

전봉준   첫째는 불평등한 봉건적 질서를 타파하고자 하는 것이었고, 둘째는 일본 등 외세의 침략에 대응하고자 하는 것이었습니다. 동학 교도들과 농민들이 쓰러져 가는 국가를 반석에 올려놓고자 혁

명을 일으킨 것입니다. 바로 반봉건과 반외세, 반침략이 혁명의 명분이라고 할 수 있습니다. 우리 농민들에게는 비록 불만스런 나라이지만 이 땅이 외세에 짓밟히는 것을 가만히 보고만 있을 수는 없었소이다.

인내천 변호사　이상입니다. 동학은 최제우에 의해 창시되었지만 최시형, 전봉준, 손병희 등과 같은 인물을 통해 늘 새로운 사회, 즉 모든 사람이 평등한 사회, 서로를 침략하지 않는 평등한 국제 사회를 꿈꾸었던 것입니다.

판사　잘 들었습니다. 그럼 이대로 변호사, 마지막으로 변론을 해 주시기 바랍니다.

이대로 변호사   원고 측 증인들은 당시 사회로부터 불평불만이 많은 사람들이었습니다. 그래서 늘 잘살고 잘난 사람들에 대해 못마땅하게 여겼던 것입니다. 조선 정부의 탓으로만 돌리며 불평을 늘어놓다가 동학이 새로운 세상을 만든다고 하니 무턱대고 추종하였던 것입니다. 증인들은 사회 인식이 부족하였다고 생각됩니다. 그런 점에서 이번 재판이 공정하였는지는 의심스럽습니다. 그러나 여기 모이신 배심원 여러분들이나 고명하신 공정한 판사님의 현명한 판결을 기대합니다.

판사   지금까지 원고 측과 피고 측 모두 성실하게 재판에 임해 주신 데 대해 감사드립니다. 잠시 후 원고와 피고의 최후 진술을 차례로 듣겠습니다. 그러고 나서 배심원의 평결을 듣고 심사숙고해서 최종 판결을 내리도록 하겠습니다.

땅! 땅! 땅!

왜 동학 농민 운동이 일어났을까?

다알지 기자

오늘도 저는 한국사법정 앞에 나와 있습니다. 원고 최제우와 피고 서헌순의 재판이 이제 모두 끝났습니다. 이번 재판에서는 동학사상이 어떤 것이며 농민들에게 어떻게 파고들었는지, 그로 인해 동학 농민 운동은 어떻게 일어났는지에 대해 원고 측의 변론이 있었고, 피고 측에서는 철종을 증인으로 내세워 조선 정부가 난국을 타개하려고 어떤 노력을 하였는지에 대해 변론하였습니다. 그러나 이 재판의 핵심은 동학과 동학 농민 운동에 대한 재평가라는 생각을 지울 수가 없습니다. 그래서 재판을 끝내는 이 시점에서 동학을 창시한 최제우를 비롯하여 해월 최시형, 의암 손병희를 통해 동학사상이 민중들 사이에서 어떻게 발전되어 나갔는지 그 과정을 알아보도록 하겠습니다. 오늘 도움 말씀을 주실 분으로 증인으로 나오셨던 녹두장군 전봉준 장군을 특별히 모셨습니다. 안녕하세요?

전봉준 장군

네, 반갑습니다. 이거 기자분이 하도 인터뷰하자고 해서 응하긴 했는데, 모르겠네요. 아무튼 동학사상의 발전 과정에 대해 말씀드리지요.

먼저 동학을 창시한 최제우는 시천주 사상을 강조하였습니다. 최제우는 오심즉여심(吾心卽汝心)이라고 하였습니다. 최제우는 '천사문답'을 통해 동학의 사상을 정립하고자 하였는데, 이게 바로 '오심즉여심'이었습니다. 즉 나의 마음과 너의 마음이 같다는 것이요, 여기서 '너의 마음'은 곧 한울님 마음을 뜻하지요. 그렇기 때문에 한울님의 마음과 나의 마음이 같다는 것입니다. 그래서 사람은 모두가 한울님을 모시고 있다는 시천주 사상이 나오게 되었습니다.

이 시천주 사상은 최제우로부터 동학을 이어받은 해월 최시형에 의해 사인여천(事人如天)이라고 확대 해석되었지요. 여기서 '사(事)'는 '일'을 뜻하는 것이 아니라 '섬기다'라는 뜻으로 사용되었습니다. 그렇다면 사인여천이란 사람 섬기기를 한울님처럼 하라는 것입니다. 당시 조선 사회는 양반과 상민, 그리고 천민이라는 계급사회였습니다. 그렇기 때문에 차별이 굉장히 심하였지요. 양반은 '에헴' 하면서 상민과 천민을 함부로 대하였습니다. 더욱이 천민은 가축들보다 더 못한 대접을 받는 경우가 허다하였지요. 그렇지만 사람 섬기기를 한울님과 같이 한다는 것은 양반, 상민, 천민 모두 다 서로 한울님과 같이 섬겨야 한다는 것입니다. 매우 파격적인 것이지요. 바로 만민이 모두 평등하다는 것입니다. 나아가 해월 최시형은 어린아이도 한울님을 모셨으니 함부로 아이를 때리지 말라고 하였지요.

해월 최시형의 사인여천은 그를 계승한 의암 손병희에 의해 인내천 (人乃天)으로 재해석되었습니다. 의암 손병희는 한 발 더 나아가 '사람이 곧 한울님'이라고 하였습니다. 이는 인간을 최대한으로 존경하고 존엄한 존재로 파악하였다는 점이지요.

그런 면에서 동학은 사람을 무엇보다도 귀하게 여겼습니다. 동학에 입도하면 양반과 상민, 나아가 천민들도 서로 맞절을 하면서 이를 실천하였습니다. 물론 인사뿐만이 아니라 일상생활의 모든 면에서 동학 사상을 실천하자는 것이지요. 내가 농민들을 이끌고 동학 농민 운동을 하게 된 것도 모두 실천의 하나였습니다. 이렇게 동학의 가르침은 사소한 것에서부터 나라를 지키자는 크고 웅대한 문제까지 모두 포함하고 있는 훌륭한 사상이었다고 자부합니다.

동학은 차별 없는 세상과 외세의 침략을
막고자 하였을 뿐이오
VS
혹세무민으로 조선을 혼란에 빠뜨렸소

판사　이번 재판을 마무리할 때가 왔습니다. 배심원단 역시 마음을 결정해야 할 시간이 되었습니다. 마지막으로 당사자들의 변론을 들어 보도록 하겠습니다. 원고와 피고는 신중하게 말씀해 주시기 바랍니다. 배심원단은 물론이고 제가 작성하는 판결문에 마지막으로 영향을 미치기 때문입니다. 이 시간이 지나면 더는 하고 싶어도 말할 수 있는 기회가 없습니다. 자, 그럼 원고부터 말씀해 주시지요.

최제우　존경하는 판사님, 그리고 배심원 여러분. 나는 참으로 억울하고 안타까운 심정으로 이 자리에 섰습니다. 나는 성리학을 통치 이념으로 하는 조선 정부와 유생들의 탄압으로 참수형을 당하였습니다. 역사는 늘 가진 자의 편인 것 같습니다. 조선 정부를 지탱하는 성리학, 그리고 성리학을 공부하는 유생들은 자신들의 영향력에 도전하는 세력이나 가르침을 그냥 두지 않았습니다. 이단이니, 사문난 적이니, 사설이니 하면서 무자비하게 배척하였습니다. 이런 이유로 우리의 고유 사상인 무속이나 오랫동안 우리 정신사에 영향을 주었던 불교, 도교 등도 모두 배척하였습니다.

조선 정부는 후기에 접어들면서 국가를 운영할 만한 힘을 잃어버렸습니다. 왕권은 미약해지고, 정치는 외척에 의해 휘둘려 정상적인 사회가 아니었습니다. 벼슬을 돈으로 사고파는 매관매직, 이로 인한 탐관오리의 양산은 그들이 국가의 근본이라고 하는 백성들의 삶을 힘들게 할 뿐이었습니다. 그뿐만 아니라 서구 열강과 일본이 제국주의라는 논리로 식민지 구축을 합리화하면서 점점 조선을 넘보고 있는 실정이었습니다. 이처럼 나라는 총체적으로 무너져 가고 백성들은 도탄에 빠져 허덕이고 있었습니다.

이와 같은 위기 상황에 나는 나라를 구하고 백성을 편안하게 하는 보국안민, 광제창생이라는 동학을 창시하였습니다. 동학의 가르침은 귀천과 남녀의 차별을 철폐하는 만민평등, 반봉건 반외세의 민족 주체의식, 부패한 사회를 개혁하려는 혁세사상, 그리고 빈부 차별을 최소화하는 공존공생의 조화로운 사회를 만드는 것이었습니다. 이 동학의 가르침을 널리 펴서 지상 천국을 만들고 싶었습니다. 그런데도 조선 정부와 유생들은 동학을 올바르게 평가하지 않고 다만 혹세무민한다고 하여 나를 잡아들이고 동학을 믿는 교도들의 생명과 재산을 강제로 빼앗았던 것입니다. 이는 조선 정부의 무능함을 만천하에 드러내는 순간이었습니다.

이번 재판은 나 개인에 대한 재판으로 끝나는 것이 아니라 동학을 믿고 따르는 교도, 그리고 우리 후손들이 살아갈 나라가 모든 사람이 더불어 살아가는 세상을 만드느냐, 아니면 여전히 차별받는 사회를 유지하느냐를 결정하는 중요한 문제라고 생각합니다. 현명하신 판사님과 배심원 여러분의 사려 깊은 판결을 기대합니다. 감사합니다.

판사　말씀 잘 들었습니다. 그럼 이번에는 피고 측에서 최후 진술을 해 주시기 바랍니다.

서헌순　조선 정부와 유생들을 대표하여 이 자리에 섰기는 하였지만, 매우 유감스럽게 생각합니다. 조선이라는 나라는 혼란에 빠진 고려의 불교 사회를 바로잡고 성리학을 이념으로 하여 새로운 세상을 만들기 위해 건국되었습니다. 그렇기 때문에 성리학 이외에는 수용할 수 없었던 것입니다. 건국 초기에는 성리학의 가르침이 사회에서 잘 받아들여졌지만 시간이 지남에 따라 그 모순이 드러나기 시작하였습니다. 이에 조선 정부와 유생들은 잘못된 문제점들을 바로잡기 위해 노력해 왔습니다.

　　1860년 경주에서 최제우가 동학을 창시하는 것까지는 좋습니다. 스스로 깨우쳐 뭔가를 얻었다는 것은 학문하는 자로서 이해되지 않는 것은 아닙니다. 다만 동학은 성리학과는 아주 다른 가르침이었습니다. 동학은 아무 근거도 없는 사설로 백성들을 끌어 모으고 혹세무민으로 당을 만들며 그 세를 늘려 나갔습니다. 그뿐만 아니라 봉건적 사회의 신분 질서를 부정하고 정부의 근간인 성리학을 침해하였습니다. 성리학은 조선의 500년 역사를 지탱해 온 학문입니다. 성리학을 공부한 학자로서 그것을 부정하는 다른 사상을 받아들이는 일은 결코 쉬운 일이 아닙니다.

따라서 조선 정부와 유생들로서는 반정부 세력으로 성장할 수 있는 동학의 씨를 말리는 것이 최선의 방법이었습니다. 나는 조선 정부의 대리인으로 동학의 최고 지도자인 최제우를 잡아들여 좌도난정율로 참수형에 처하였습니다. 개인적으로는 안타까운 일이지만 조선이라는 국가를 위해서는 부득이한 조치였습니다. 개인과 국가, 무엇이 더 중요하겠습니까?

존경하는 판사님, 그리고 배심원 여러분. 아무쪼록 현명한 판결이 내려질 수 있기를 부탁드립니다.

판사 자, 그동안 세 차례의 재판에서 원고와 피고를 비롯한 많은 증인들의 증언을 잘 들었습니다. 배심원 여러분도 고생 많았습니다. 배심원의 최종 의견과 양측의 최후 진술을 참고하여 4주 후에 최종 판결을 내리도록 하겠습니다. 이상 모든 재판을 마치도록 하겠습니다.

땅! 땅! 땅!

역사공화국 한국사법정 재판 번호 46 최제우 vs 서헌순

주문

역사공화국 한국사법정은 최제우가 조선 정부와 유생을 대리하는 서헌순을 상대로 제기한 명예 훼손 및 정신적 피해에 대한 손해 배상 청구를 인정한다.

판결 이유

원고 최제우가 동학을 창시하던 당시 조선은 세도 정치로 인해 부정부패가 극심하였고 백성들의 삶은 피폐해졌다. 하지만 기존 통치 질서의 근간이던 성리학은 이를 해결해 주지 못하였고 사회적 혼란은 극에 달하였다. 이는 세 번에 걸친 재판에서 증인들의 입을 통해 여실히 드러났다. 조선 정부는 농민층의 분화를 해결하지 못하였을 뿐만 아니라 삼정의 문란이라는 조세 수취 체제의 모순을 극복하지 못하였음 또한 사실이다. 나아가 서구 열강과 일본의 침략에 대해서도 안일하게 대처하였던 점도 조선 정부의 무책임 때문이었다.

이러한 상황에서 등장한 동학이 사회에 불만을 품은 농민들의 마음을 사로잡은 것은 당연한 일이라고 판단된다. 신분에 따른 차별을 반대하고 사람을 존중했던 동학의 교리는 당시 백성들에게 새로운 세상을 꿈꾸게 해 주었다. 그럼에도 조선 정부와 유생들은 자신들의 영향력과 권위를 지키기 위하여 동학을 이단으로 몰아 탄압한 점이 재판을 통해 밝혀졌다.

동학 농민 운동이 일어난 것 또한 고부 군수 조병갑의 횡포로 인한 것이었고, 그 과정에서 정부는 외세의 개입을 유도한 결과를 낳았다는 점도 간과할 수 없는 일이다. 게다가 동학 농민군이 일본군을 타도하기 위해 재봉기를 하며 목숨을 걸고 싸웠으나 오히려 이를 진압하고 무차별 학살하였던 것은 정부의 잘못된 판단이라고 보는 바이다. 또한 이런 동학 농민군의 개혁 정신은 이후 갑오개혁에 영향을 미쳤고, 외세에 저항하는 반침략적 성격은 일제시대 항일 의병 투쟁으로 이어졌다는 데 의의가 있다.

따라서 동학 농민군을 대표하여 소송을 제기한 최제우의 명예 회복과 손해 배상 청구를 인정한다. 이에 동학이 혹세무민하였다는 이유로 사교로 규정하고 탄압했던 조선 정부와 그를 대표하여 법정에 선 서헌순에 대하여 공개 사과를 명한다. 더불어 동학에 대한 어떠한 평가라도 그에 합당한 근거를 제시하였을 때만 허용된다는 것을 밝혀 두고자 한다.

역사공화국 한국사법정 담당 판사 공정한

"두 변호사, 용담정을 가다!"

재판이 끝난 후, 인내천 변호사와 이대로 변호사는 만나는 일은 없었지만 서로의 소식은 듣고 있었다. 인내천 변호사는 인권 변호사로서 여전히 힘없고 가진 것이 없는 약자의 편에서 여기저기 바쁘게 활동하였다. 이에 비해 이대로 변호사는 한국사법정에서 진행되었던 재판에서 서너 차례 패하자 절치부심하고 있었다. '왜 패하였을까' 곰곰이 생각하다가 한국사에 대한 인식이 아직 부족하다는 것을 깨닫고 한국사 공부에 열심이었다.

인내천 변호사는 이대로 변호사와 얽혀 있던 매듭을 풀기로 하였다. 사실 이대로 변호사는 재판에서 패하자 속이 부글부글 끓었다. 자신이 당연히 이길 것으로 판단하였던 것이다. 아무리 세상이 변하였어도 그동안의 관례를 보았을 때 이 재판을 진다는 생각은 조금도

하지 않았던 것이다. 이대로 변호사는 재판이 끝나고 헤어질 때 인내천 변호사의 악수조차 거절하였다.

한가한 어느 날, 인내천 변호사는 이대로 변호사 사무실로 전화를 걸었다. 이대로 변호사는 이번에는 좋은 건수가 있으려나 하고 얼른 전화를 받았다.

"이대로 변호사 계시면 부탁드립니다."

"이대로 변호사입니다. 누구신지요?"

전화 목소리가 귀에는 익었지만 언뜻 떠오르지 않았다.

'많이 듣던 목소리인데, 누구지?'

이대로 변호사는 갑자기 머리가 복잡해졌다.

"인내천 변호사입니다. 벌써 잊어버린 것은 아니겠지요. 그동안 한국사 공부에 재미 들렸다고 들었습니다만."

"아, 예. 그렇습니다만. 인내천 변호사도 바쁘시다고 들었습니다."

이대로 변호사는 목소리를 차분히 가라앉히고 대답하였다.

"이대로 변호사, 우리 여행 한번 같이 가지 않겠습니까?"

이래도 변호사는 웬 뚱딴지같은 소리인가 싶었다. 나하고 여행을 같이 가겠다고. 하지만 어림없는 소리였다.

"아니, 웬 여행입니까? 심심하신 모양이네요."

"아 그런 것이 아니라, 지난 재판이 끝난 지도 한참 되었고, 마음도 정리되었을 것이라고 봅니다. 그래서 같이 여행을 하면서 서로 마음에 쌓아 두었던 것은 풀어 버려야 하지 않을까 해서입니다."

"아, 나는 쌓일 것도 없습니다."

"아, 그러지 말고 경주 용담정이나 같이 갑시다."

용담정, 이대로 변호사는 경주 하면 불국사나 첨성대이지, 웬 용담정. 이대로 변호사는 순간적으로 머리를 굴렸다.

'왜 용담정이지? 아, 맞다. 지난번 재판에서 원고였던 최제우가 동학을 창시하였다는 곳이지. 근데 내가 왜 거기를 가야 하는데?'

"이대로 변호사, 싫지 않다는 것은 같이 간다는 것으로 알겠습니다. 그럼, 내일 뵙지요. 시간 비워 놓으십시오."

대답도 하기 전에 전화가 끊겼다. 이대로 변호사는 인내천 변호사가 무례하다고 생각하였지만 손해 볼 것은 없었다. 지난 재판이 끝난 후 동학에 대한 묘한 관심이 생겼던 것이다. 또한 최근 한국사 공부를 하다 보니 문화 현장을 가 보고 싶기도 하였다. 이대로 변호사는 이참에 동학을 창시한 곳인 용담정을 가 보기로 작정하였다.

다음 날 아침, 인내천 변호사는 작고 아담한 승용차를 타고 이대로 변호사 사무실 앞에 미리 대기하고 있었다. 이대로 변호사가 차에 오르자 인내천 변호사는 이내 경부고속도로를 향해 신나게 차를 몰았다. 한 네 시간을 달려 경주 현곡면 용담정 주차장에 도착하였다.

"여기가 용담정이란 말인가요?"

이대로 변호사는 적이 실망하였다. 한국 근대사에서 적지 않은 영향을 미쳤던 동학의 탄생지가 볼품없었기 때문이었다. 그동안 가 보았던 유명한 사찰이나 성당, 교회 등과 비교하면 왜소하기 그지없었다. 그렇지만 용담정을 둘러싸고 있는 뒷산은 기품이 있었다.

왜 동학 농민 운동이 일어났을까?

'음, 위인이 날 만한 곳이기는 하구먼.'

이대로 변호사는 인내천 변호사를 따라 포덕문을 지나 용담정으로 향하였다.

"이대로 변호사, 생각보다 실망이 크지요. 그렇지만 이곳이 한국 사상의 진수라고 할 수 있는 동학이 탄생한 곳입니다."

"예. 처음에는 많이 놀랐습니다. 그런데 뒷산을 보니 훌륭한 인물이 날 만하다는 느낌을 받았습니다. 산 이름이 무엇입니까?"

"구미산이라고 합니다. 거북이 꼬리를 닮았다고 하여 붙인 이름이랍니다. 동학을 창시한 최제우가 태어날 때 사흘 동안 울었다고 하더군요."

"저는 경주 하면 천 년의 도시로만 생각하였습니다. 신라의 찬란한 불교 문화만 있는 것으로 알았는데, 그렇지만은 않군요."

"최제우는 이곳을 최승지(最勝地)라고 하였습니다. 왜 그랬을까 곰곰이 생각해 보았습니다. 제 생각에는 한국적인 사상이 나올 수밖에 없었기 때문이 아닌가 합니다."

"예. 제가 보기에도 그렇습니다. 와서 직접 눈으로 확인하니 더욱 그렇게 생각됩니다."

"인내천 변호사, 최제우에 대한 일화는 없습니까?"

"왜 없겠습니까. 동학의 핵심 사상은 사람을 한울님처럼 대하는 것입니다. 최제우는 그것을 철저하게 실천하였던 분이지요. 최제우는 동학을 창시하고 난 후 가장 먼저 이를 실천하였습니다. 그의 집에는 여자 몸종이 둘 있었지요. 그런데 최제우는 동학을 창시한 이

후 몸종 중 한 사람은 수양딸로 삼고, 다른 한 사람은 며느리로 삼았다고 합니다. 이대로 변호사, 이 변호사 같으면 그렇게 할 수 있겠습니까?"

"불가능하지요. 그럼 인내천 변호사는 어떻습니까?"

"사실 저도 자신이 없습니다. 최제우의 위대한 점은 바로 자신이 설파한 가르침을 그대로 실천하였다는 것이지요. 언행일치의 사표라고 할까요."

"동학의 제2대 교조인 해월 최시형의 일화는 없는지요?"

"해월 최시형의 일화는 너무나 많습니다. 하나 예를 든다면 이런 거지요. 호남 지역을 좌우로 나누어 각각 편의장을 임명하였습니다. 그런데 편의장 중 한 사람이 천민 출신이었지요. 이 편의장이 관리하는 동학 교도들 중에는 자신의 편의장이 천민 출신이라 따를 수 없다고 항의를 하였습니다. 이 변호사 같으면 어떻게 처리하였을까 궁금합니다만."

"저 같으면 천민 출신 편의장을 교체하였겠지요."

"아마 저도 그랬을 겁니다. 그런데 해월 최시형은 호남 좌우 편의장을 하나로 편제하고 오히려 천민 출신의 편의장을 총책임자로 임명하였습니다."

이대로 변호사는 잘 이해가 되지 않는 듯한 표정이었다.

'나라면 조직을 보호하려면 당연히 천민 출신의 지도자를 내세우지 않을 텐데.'

"그럼 동학은 이후 어떻게 되었습니까?"

"1894년 반봉건 반제국의 기치 아래 동학 농민 운동을 일으켰고, 해월 최시형에 이어 의암 손병희가 동학을 이어받았습니다. 그러다가 1905년 천도교라고 이름하여 근대적 종교로 탈바꿈하였지요. 1919년 3·1운동을 주도하였을 뿐만 아니라 어린이운동 등 다양한 문화 운동을 전개하였지요."

이대로 변호사는 인내천 변호사로부터 동학과 천도교에 대한 설명을 들으면서 용담정을 한 바퀴 돌아보았다. 그리고 천천히 걸어 내려오면서 인내천 변호사에게 말하였다.

"이제부터라도 동학에 대해 새롭게 인식할 수 있는 계기를 마련해 주어 감사합니다."

"허, 이러다가 이대로 변호사 역사학자가 되겠습니다."

"그것도 좋은 생각이네요. 한국사법정에 도움도 될 테니 말이죠."

인내천 변호사와 이대로 변호사는 마주 보면서 그동안 불편하였던 속마음을 풀어버리고 큰 소리로 웃었다. 하늘도 구름 한 점 없는 해맑은 푸른빛이었다.

왜 동학 농민 운동이 일어났을까?

정읍의 동학농민혁명기념관

전라북도 정읍에 가면 조선 시대 후기 농민들의 생생한 외침을 들을 수 있는 동학농민혁명기념관이 있습니다. 고종 31년인 1894년 전라도 무장에서 고부 군수 조병갑의 학정과 수탈에 떨쳐 일어난 동학 농민군은 4월 7일 전라 감영군을 맞아 역사적인 승리를 거두게 됩니다. 이런 전투가 있었던 곳이 바로 '황토현 전적지'고, 이것을 기념하기 위해 2004년 동학농민혁명기념관이 바로 이곳에 세워집니다.

인간 평등을 실현하고, 사회 비리를 없애고, 외국 침략 세력을 몰아내고자 했던 동학 농민 운동의 정신을 기념하고자 세워진 이곳에서는 동학과 동학 농민 운동에 관한 여러 학술 자료와 유물 자료를 살펴볼 수 있습니다. 먼저 제1전시실에서는 19세기 조선과 자각하는 농민들의 모습을 볼 수 있고, 제국주의와 세계사에 대해서도 알아볼 수 있습니다. 그리고 제2전시실에서는 분연히 일어나는 농민들의 움직임과 함께 그 진행 과정을 살펴볼 수 있습니다. 동학 농민군의 지도자들의 사진은 물론, 그들이 작성한 문서와 사용한 물건들을 직접 볼 수 있습니다. 이외에도 다양한 기획전으로 알찬 볼거리를 제공하고 있답니다.

또한 말목장터에서 녹두장군 전봉준이 집결한 농민들에게 연설을 하고 난 뒤 기대어 쉬었다는 이야기가 전해 오는 커다란 감나무도 동

동학농민혁명기념관 전경   전시실 내부

학농민혁명기념관에 보관 중입니다. 또한 기념관을 나오면 동학 농민 운동이 일어난 1894년을 기리기 위하여 18.94m로 만들어진 기념탑을 볼 수 있고, 동학 농민 운동 희생자의 위패를 모신 구민사도 볼 수 있습니다. 기념관에서 멀지 않은 곳에 전봉준 장군이 살았던 집도 있어서 직접 찾아가 볼 수도 있지요. 또 동학 농민 운동이 일어난 원인이 되었던 만석보의 터도 찾아가 당시 동학 농민 운동이 일어나게 된 역사적 이유도 되짚어 볼 수 있습니다.

찾아가기 전라북도 정읍시 덕천면 동학로 742
　　　관람 시간 09:00~18:00(입장시간 09:00~17:00, 월요일과 1월1일 휴관)
　　　전화번호 063-536-1892~4

『역사공화국 한국사법정 46 왜 동학 농민 운동이 일어났을까?』와
관련한 논술 문제를 풀어 봅시다.

※ 다음 제시문을 읽고 물음에 답하시오.

(가) 새야 새야 파랑새야

　　새야 새야 (ㄱ)파랑새야 (ㄴ)녹두 밭에 앉지 마라.
　　녹두 꽃이 떨어지면 (ㄷ)청포 장수 울고 간다.

　　새야 새야 파랑새야 녹두 밭에 앉은 새야.
　　녹두 꽃이 떨어지면 부지깽이 매맞는다.

　　새야 새야 파랑새야 녹두 밭에 앉은 새야.
　　아버지의 넋 새보오 엄마 죽은 넋이외다.

(나) 1854년 전북 고창군 죽림리 당촌 마을에서 태어난 전봉준은
　　 아버지 전창혁이 민란의 주모자로 처형된 뒤부터 사회 개혁에
　　 대한 큰 뜻을 품게 되었습니다. 서른 살 즈음에 동학에 입교하

여 고부 접주로 임명되고, 접의 힘을 키워 나갔지요. 일본의 침략 행위가 노골적으로 바뀌자 이에 분노한 전봉준은 12만 병력을 지휘하여 당시 북도 접주였던 손병희의 10만 동학 농민군과 연합하여 봉기를 합니다. 당시 전봉준은 작은 몸집에도 야무지고 강한 것이 '녹두'와 같다고 하여 '녹두장군'이라고 불리었지요. 전봉준은 항일 구국의 깃발을 높이 들어 항쟁의 규모를 확대시켜 나갔지만 관군과 일본군의 반격으로 패배를 거듭했으며 공주에서 크게 패하였습니다. 이후, 피신하여 다시 궐기하기 위해 모의하던 중 붙잡혀 사형을 당하였습니다.

1. (가)는 당시 백성들의 입에서 입으로 전해지던 〈새야 새야 파랑새야〉라는 노래이고, (나)는 전봉준의 한 생애를 짧게 서술한 것입니다. (나)를 바탕으로 ㉠~㉢이 의미하는 바가 각각 무엇인지 쓰시오.

※ 다음 제시문을 읽고 물음에 답하시오.

(가) 농민 전쟁이 시작되기 전에도 이미 농민들의 분노와 원성은 하늘을 찌를 듯했습니다. 특히 전라도 고부군에 부임한 조병갑은 농민들을 괴롭혔지요. 조병갑은 농민들에게 억지로 저수지를 짓게 한 다음 물값을 비싸게 받았습니다. 저수지를 만드는 공사에 참여하면 세금을 면해 주겠다고 약속하고서는 오히려 세금을 물린 것입니다.

그뿐만 아니라 여러 죄명을 씌워 벌금을 걷고, 자신의 아버지의 비석을 만든다며 돈을 빼앗기도 했습니다. 갖은 핑계로 세금을 걷어서 자기 주머니를 채우는 것도 모자라, 죄 없는 사람을 잡아다가 가두어 두고 돈을 주면 풀어 준다고 협박하기를 일삼았습니다. 이에 격분한 농민은 2회에 걸쳐 군수에서 잘못을 고쳐 줄 것을 아뢰었습니다. 하지만 오히려 항의를 한 사람들을 체포하고 벌을 주었습니다.

(나) 조병갑의 만행이 고부 봉기의 도화선이 되었습니다. 전봉준은 농민들을 말목장터로 모아 고부 관아로 달려갔습니다. 두 패로 나누어 고부 관아를 습격한 농민들은 크게 힘을 들이지 않고 관아를 점령하게 됩니다.

2. (가)는 당시 전라도 고부의 군수였던 조병갑의 행태를 적은 것이고,

(나)는 고부 관아를 공격해 조병갑을 몰아낸 동학 농민군의 움직임을 적은 것입니다. '폭력은 어떠한 경우에도 정당화되어서는 안 된다'는 견해와 '정의를 위해서는 폭력을 사용할 수도 있다'는 견해 중 하나를 선택하여 자신의 입장을 쓰시오.

해답 1 (가)는 지방마다 불리는 노랫말이 조금씩 다르기는 하지만, 앞부분의 '새야 새야 파랑새야 녹두 밭에 앉지 마라. / 녹두 꽃이 떨어지면 청포 장수 울고 간다'는 동일한 양상을 보입니다. 이 중 ㉠은 녹두 꽃이 떨어지게 만드는 인물로 전봉준이 이끄는 동학 농민군을 무력으로 진압한 일본군으로 보는 것이 바람직합니다. 동학 농민 운동이 일어난 1894년에 일본군이 푸른색 군복을 입어 파랑새와 그 유사점을 찾을 수 있습니다. 그리고 ㉡은 전봉준이 녹두장군이라 불리었던 점을 보아 녹두 밭은 전봉준을 상징한다고 볼 수 있습니다. 파랑새에 의해서 떨어질 수 있는 녹두 꽃이라는 점을 생각하면, 처형을 당한 전봉준을 떠올릴 수 있지요. 마지막으로 ㉢의 청포 장수는 백성을 상징하는 것으로 보아야 합니다. 여기서 '청포'는 녹두로 쑨 묵인 녹두묵을 일컫는 말이므로, 녹두가 떨어지는 것을 누구보다 안타까워하는 사람입니다. 따라서 녹두장군인 전봉준을 보호하고, 녹두를 떨어뜨리는 파랑새를 쫓으려고 하지요.

해답 2 폭력을 폭력으로 맞대응하는 것은 옳지 않습니다. 자칫 더 큰 폭력이 되거나 더 큰 화가 되기도 하기 때문입니다. 하지만 '농민은 2회에 걸쳐 군수에서 잘못을 고쳐 줄 것을 아뢰었'음에도 이를 고치지 않고 농민을 수탈한 죄는 가히 작지 않다고 할 수 있습니다. 또한 당시 조병갑의 만행이 수많은 백성에게 큰 고통을 주었다는 점을 생각하면 동학 농민군이 관아를 습격한 것은 단순한 무력 행

왜 동학 농민 운동이 일어났을까?

사라고만 볼 수는 없습니다. 생존이 위협을 받고, 자존이 흔들릴 때는 스스로 자신을 지킬 수밖에 없기 때문입니다.

이런 마음은 농민 봉기를 일으킨 전봉준도 같았습니다. 전봉준이 사로잡혀 심문을 당할 때 주고받은 말을 살펴보면 이를 잘 알 수 있습니다.

심문자   관아를 부수고 민병을 일으켜 죄 없는 양민을 죽게 한 것이 난이 아니고 무엇인가?

전봉준   일어난 것은 난이 아니라 백성의 원성이다. 민병을 일으킨 것은 기울어져 가는 나라를 구하고자 함이요, 백성의 삶에서 폭력을 제거코자 했을 따름이다.

심문자   너도 기포의 허락을 최법헌(최시형)으로부터 받았는가?

전봉준   진리를 펴는 데 무슨 허락이 필요한가? 충의란 본심이다. 그대 발등에 불이 떨어졌는데 그대는 그것을 허락을 받고 치우겠는가?

* 해답은 예시로 제시된 내용입니다.

ㄱ

각자위심 82

개두환명 107

격문 54

결세 47

광제창생 129

구폐 139

기포 61

ㄴ

난학 66

ㄷ

대동세 47

ㄹ

르네상스 56

ㅁ

막부 65

만석보 149

면피성 83

무역 역조 현상 62

미필적 고의 41

ㅂ

배외정신 54

보국안민 60

ㅅ

사문난적 105

사학 38

삼강오륜 34

삼재팔난 128

삼정 35

삼정이정청 136
삼종지도 101
서학 32
성리학 31
성토 106
시천주 79
신원 33

ㅇ

음양복술 82
이단 31
이서 45
잉여 생산 57

ㅈ

적멸굴 32
적자 31
정한론 67
제세안민 81
중화사상 36
진황지 149

ㅊ

참위 104
창시 31
척양파 65
척왜양창의 79
천토 104
최혜국 대우 64
치외 법권 64

ㅌ

탐학 149

ㅍ

포접 96
풍전등화 55

ㅎ

한울님 31
할양 64
혹세무민 32
후천개벽 79

역사공화국 한국사법정 46

왜 동학 농민 운동이 일어났을까?

© 성주현, 2012

초판 1쇄 발행 2012년 5월 17일
초판 7쇄 발행 2023년 3월 1일

지은이　　성주현
그린이　　조환철
펴낸이　　정은영

펴낸곳　　(주)자음과모음
출판등록　2001년 11월 28일 제2001-000259호
주소　　　10881 경기도 파주시 회동길 325-20
전화　　　편집부 (02) 324-2347　경영지원부 (02) 325-6047
팩스　　　편집부 (02) 324-2348　경영지원부 (02) 2648-1311
이메일　　jamoteen@jamobook.com

ISBN　978-89-544-2346-5 (44910)

과학공화국 법정시리즈 (전 50권)

생활 속에서 배우는 기상천외한 수학·과학 교과서!
수학과 과학을 법정에 세워 '원리'를 밝혀낸다!

이 책은 과학공화국에서 일어나는 사건들을 다루는 법정 공판을 통해 청소년들에게 과학의 재미에 흠뻑 빠져들 수 있는 기회를 제공한다. 우리 생활 속에서 일어날 만한 우스꽝스럽고도 호기심을 자극하는 사건들을 통하여 청소년들이 자연스럽게 과학의 원리를 깨닫고 동시에 학습에 대한 흥미를 가질 수 있도록 구성하였다.

물리법정 1	물리의 기초
물리법정 2	물리와 생활
물리법정 3	빛과 전기
물리법정 4	소리와 파동
물리법정 5	여러 가지 힘
물리법정 6	운동의 법칙
물리법정 7	일과 에너지
물리법정 8	유체의 법칙
물리법정 9	현대물리학과 양자론
물리법정 10	상대성 이론

화학법정 1	화학의 기초
화학법정 2	물질의 구성
화학법정 3	물질의 성질
화학법정 4	화학반응
화학법정 5	화학과 생활
화학법정 6	신기한 금속
화학법정 7	여러가지 화합물
화학법정 8	물질의 변화
화학법정 9	음식과 화학
화학법정 10	우리 주변의 화학

생물법정 1	생물의 기초
생물법정 2	동물
생물법정 3	곤충
생물법정 4	인체
생물법정 5	식물
생물법정 6	자극과 반응
생물법정 7	유전과 진화
생물법정 8	신기한 생물
생물법정 9	해양생물
생물법정 10	미생물과 생명과학

지구법정 1	지구과학의 기초
지구법정 2	천문
지구법정 3	날씨
지구법정 4	지표의 변화
지구법정 5	지질시대
지구법정 6	남극과 북극
지구법정 7	화석과 공룡
지구법정 8	별과 우주
지구법정 9	바다 이야기
지구법정 10	이상기후

수학법정 1	수학의 기초
수학법정 2	수와 연산
수학법정 3	도형
수학법정 4	비와 비율
수학법정 5	확률과 통계
수학법정 6	여러 가지 방정식
수학법정 7	여러가지 부등식
수학법정 8	여러가지 수열
수학법정 9	수학퍼즐
수학법정 10	수학의 논리

철학자가 들려주는 철학 이야기 (전 100권)

아이들의 눈높이에 맞춘 철학 동화!
책 읽는 재미와 철학 공부를 자연스럽게 연결한 놀라운 구성!

대부분의 독자들이 어렵게 느끼는 철학을 동화 형식을 이용해 읽기 쉽게 접근한 책이다. 우리의 삶과 세상, 인간관계에 대해 어려서부터 진지하게 느끼고 고민할 수 있도록, 해당 철학 사조와 철학자들의 사상을 최대한 풀어 썼다.

이 시리즈의 가장 큰 장점은 내용과 형식의 조화로, 아이들이 흔히 겪을 수 있는 일상사를 철학 이론으로 해석하고 재미있는 이야기로 담은 것이다. 또한 아이들의 눈높이에 맞는 쉽고 명쾌한 해설인 '철학 돋보기'를 덧붙였으며, 각 권마다 줄거리나 철학자의 사상을 상징적으로 표현한 삽화로 읽는 재미를 더한다. 철학 동화를 이끌어가는 주인공을 형상화하고 내용의 포인트를 상징적으로 표현한 삽화는 아이들의 눈을 즐겁게 만들어준다. 무엇보다 이 시리즈는 철학이 우리 생활 한가운데 들어와 있고, 일상이 곧 철학이라는 사실을 잘 보여준다. 무엇보다 자기 자신을 극복한다는 것, 인간을 사랑한다는 것, 진정한 인간이 된다는 것, 현실과 자기 자신을 긍정한다는 것 등의 의미를 아이들의 시선에서 풀어내고 있다.